CIENCIA DE DATOS CON DATOS CON PYTHON

La Guía definitiva para principiantes para aprender la ciencia de datos con Python paso a paso

TABLA DE CONTENIDO

Introducción

Según un informe publicado por LinkedIn, la ciencia de datos es uno de los campos tecnológicos de más rápido crecimiento en los últimos 7 años. La necesidad de que las empresas tengan una mejor comprensión de los datos generados a través de su negocio ha motivado mucho interés en el campo. Como fuese, hay una brecha que se debe inferir, ya que la oferta de científicos dedatos competentes es mucho menor que la demanda. Esto hace que la ciencia de datos sea una habilidad muy demandada, con una generosa compensación por los pocos que poseen la cartera relevante. En promedio, un científico de datos gana alrededor de $109,000/año (según glassdoor.com); esto puso a los científicos de datos en los rangos mejor pagados de la industria tecnológica. Esto tiende a plantear ciertas preguntas: En una escala de la "ciencia de cohetes" a la "física cuántica", ¿qué tan complicada es la ciencia de datos? Bueno, si usted - como muchas otras personas (yo incluido),se ha preguntado qué es la ciencia de datos, y por qué los científicos de datos están tan en demanda, entonces esa pregunta no es tan descabellada. Por el contrario, sin embargo, la ciencia de datos no es tan complicada.

Para arriesgarse a la simplificación excesiva, la ciencia de datos es sólo la aplicación de diversas técnicas, por lo general empleando la organización de datos rápida y eficiente, visualización e interpretación de programas informáticos o software para transformar datos sin procesar en información para toma de decisiones. Este tipo de información es útil para los gerentes de las instituciones corporativas para evaluaciones de riesgos informadas, optimización de beneficios, detección de fraudes, etc. Imagine las grandes perspectivas que la ciencia de datos ofrece a estas empresas para estar constantemente por delante de la competencia (suponiendo que la competencia no esté igualmente aprovechando la ciencia de datos). Los anuncios están mejor dirigidos a los consumidores, las empresas son más conscientes de su rendimiento económico y las posibles tendencias u opciones en la producción, etc. Estos prospectos disponibles sirven como excelentes motivaciones para considerar una carrera en ciencia de datos. Sin embargo, sin las herramientas, la orientación y la dedicación adecuadas, dominar las habilidades necesarias para la ciencia de datos sería una tarea muy tediosa y larga. Esta es la razón para escribir este libro; para ponerle al día sobre las habilidades y herramientas para comenzar un viaje en el emocionante y gratificante mundo de la ciencia de datos.

En este punto, probablemente esté muy entusiasmado con la ciencia de datos y los secretos que tiene para ofrecer, sin embargo, puede preguntar "¿qué tiene que ver Python con ella?"

Recuerde, la ciencia de datos aprovecha la capacidad excepcional de procesamiento y manipulación de datos de los ordenadores? Para ello, el científico de datos debe comunicar la tarea de una manera clara y lógica al equipo. El problema surge en el hecho de que las computadoras no entienden el lenguaje humano; la necesidad de lenguajes de programación que permiten potentes comunicaciones entre las personas y las computadoras.

Python es un lenguaje de programación de alto nivel que reduce la complejidad de la codificación utilizando expresiones casi humanas en su sintaxis. Esto permite a los programadores crear algoritmos y sistemas complejos con rendimientos excepcionales, a la vez que reduce el tiempo y los recursos de codificación. Además, Python tiene una extensa biblioteca de herramientas y aplicaciones que hace que la ciencia de datos sea menos técnica para principiantes o programadores intermedios. Por lo tanto, la mayoría de los científicos de datos tienen Python como su principal herramienta para big data, análisis de datos, etc.

Ahora, aquí está la píldora roja – momento de la píldora azul. Este libro ha sido cuidadosamente diseñado para llevarle en un viaje a aprovechar las potencialidades de Python para la ciencia de datos. Sin embargo, el alcance de tu progreso también depende de ti. Cada capítulo se describe para introducir un cierto concepto, y se darían consejos útiles para permitirle evitar errores Noob comunes (Noob es una jerga de programación para principiantes). Además, habría ejercicios de práctica para que te pruebes a ti mismo después de cada capítulo. Esto está destinado a servir como una motivación para practicar las técnicas o lecciones que se introdujeron en el capítulo.

Se espera que, siguiendo cada sección de este libro y practicando todas las lecciones presentadas, así como las preguntas de práctica incluidas, no sólo habría aprendido las técnicas básicas necesarias para usar Python para la ciencia de datos, pero también tendría la confianza para construir sus propios sistemas y proyectos prácticos utilizando Python.

El esquema de este libro se detalla a continuación, y es una guía para maximizar su uso de este libro dependiendo de su nivel en la programación. En esta nota, le deseo Godspeed a medida que viaja a través de este libro para convertirse en un científico de datos con Python.

Contorno:

Capítulo 1: Conceptos básicos de Python

Este capítulo le presenta los conceptos básicos de Python. El alcance de este capítulo abarca todos los detalles necesarios para empezar a usar Python:descarga e instalación de paquetes y herramientas relevantes de Python, es decir, Anaconda,la gestión Entornos Python y codificación real con Python. Esto es especialmente importante para aquellos con poca o ninguna experiencia en programación. Incluso con experiencia en programación (pero nuevo en Python),es aconsejable leer este capítulo. La mayoría de las lecciones de este capítulo se recordarían en capítulos posteriores a medida que profundizamos en las aplicaciones de Python para la ciencia de datos. Sin embargo, si ya conoce los conceptos básicos de Python y ya puede manejar problemas prácticos con Python,puede omitir este capítulo. Al final de este capítulo, un proyecto básico se completaría con Python,y también puede probar algunos de los ejercicios que siguen. Estos ejercicios incorporarían todas las lecciones del capítulo y hacerlos aceleraría en gran medida su progreso.

Capítulo 2: Análisis de datos con Python

Aquí, las habilidades y técnicas aprendidas en el capítulo 1 se aprovechan para iniciar la ciencia de datos. Los marcos más importantes (y populares) para analizar y estructurar datos con Python se introducen, es decir, los marcos NumPy y Pandas. Se examinarán algunos ejemplos prácticos sobre el uso de estos marcos y se proporcionarán ejercicios de práctica.

Capítulo 3: Visualización de datos con Python

Este capítulo presenta al lector varias técnicas de trazado en Python. Hay varias bibliotecas de trazado para la visualización de datos mediante Python,entre las que se incluyen: Matplotlib, Seaborn y Pandas, etc. La visualización de datos es una parte significativa de la ciencia de datos, ya que explica mejor los datos analizados utilizando representaciones gráficas. Por ejemplo, sería mucho más fácil ver la tendencia de la suscripción de usuario a un servicio a través de un gráfico, gráfico, o incluso un pictograma, en lugar de simplemente mirar los números en una hoja de cálculo o tabla! Esta es la esencia de las bibliotecas de visualización de datos disponibles a través de Python,y estaríamos explorando sus capacidades y uso específico en este capítulo. Además, aquí se presentarán ejemplos y se ofrecerían preguntas de práctica pertinentes. Al final de este capítulo, puede ser prudente revisar todas las lecciones del capítulo 2,y una vez que esté seguro de su competencia, para intentar resolver algunos problemas de la vida real utilizando las habilidades obtenidas de leyendo estos capítulos. Después de todo, todo el propósito de la ciencia de datos es resolver problemas del mundo real!

Capítulo 4: Capítulo de bonificación – Introducción al aprendizaje automatico con Python

Este es un paquete adicional añadido a este libro. El aprendizaje automático es útil para la ciencia de datos, ya que implica el uso de potentes técnicas y herramientas estadísticas para mejorar los resultados a través de la evaluación de big data. A través del aprendizaje automático, se aprovecha la poderosa capacidad de las computadoras para encontrar patrones y predecir resultados a través de la teoría de probabilidad. Aunque este no es un estudio completo sobre el tema, el lector se introduce en los conceptos subyacentes, aplicaciones y herramientas soportadas a través de Python para liberar el poder de la inteligencia artificial.

Chapter 1

Fundamentos de Python

Historia de Python

Este es un resumen rápido de la historia de Python, junto con algunas terminologías/referencias comunes que puede encontrar al interactuar con otros programadores de Python.

Python fue desarrollado e introducido a finales de la década de 1980 por un programador holandés **Guido Van Rossum.** Es un lenguaje de programación de nivel alto, orientado, interpretado, de alto nivel con alta portabilidad, es decir, código/aplicaciones Python se puede ejecutar en varias plataformas que tienen una versión de Python instalado. El nombre Python también fue adaptado del nombre de un popular programa "Monty Python", que Guido estaba viendo en el momento en que desarrolló el lenguaje. Hasta ahora, ha habido varias versiones del lenguaje, siendo la última Python 3.7 a partir de 2018. Si bien ha habido debates sobre la mejor versión de Python para utilizar, es decir, Python versión 2xx o 3xx,sólo hay pequeñas diferencias en cualquiera de las versiones. En este libro, sin embargo, estaríamos usando la última versión de Python 3xx.

Instalación de Python

La forma básica de instalar Python en tu ordenador es visitando el sitio web oficial de Python www.python.org y descargando la versión de Python que necesitas. Recuerde descargar la configuración específica de su sistema operativo, ya sea Windows, Mac Os o Linux. Para los usuarios de Linux o Mac, es posible que ya tenga una versión de Python instalada en su equipo. Después de descargar e instalar Python a través del archivo de configuración, la instalación se puede verificar abriendo un terminal en mac o Linux os,o el símbolo del sistema en Windows. Este ejemplo está basado en Windows Os, ya que no tiene Python instalado de forma predeterminada. Sin embargo, el mismo comando funciona en Mac y Linux.

Windows:

Abra una búsqueda presionando la tecla Windows + Q, busque el símbolo del sistema, haga clic en el resultado y seleccione 'ejecutar como administrador'. Se abre la ventana Símbolo-administración del comando, **escriba: python - -version.**

Si Python está instalado correctamente, debería obtener un resultado como este: `Python 3.7.x.`

Os Mac/Linux:

Abra un terminal yendo a 'Aplicaciones >> Utilidades, luego haga clic en Terminal. Alternativamente, puede abrir una búsqueda pulsando la tecla Comando + Barra espaciadora, luego buscar terminal y pulsar intro. Una vez abierto el terminal, **escriba: python - -version.**

Usted va a obtener un resultado como este: `Python 2.7.x`

Sin embargo, esta versión podría ser la Python básica que viene con el Os. Para comprobar si Python versión 3xx está instalado, **escriba: python3 - -version**

Usted va a obtener un resultado como este: `Python 3.7.x`

Para empezar a utilizar Python a través del símbolo del sistema o el terminal, **escriba: python** (sin comillas). Deberías ver algo como esto:

Windows:

```
Python 3.7.2 (tags/v3.7.2:9a3ffc0492, 23 de diciembre
de 2018, 22:20:52) [MSC v.1916 32 bit (Intel)] en
win32
Escriba "help", "copyright", "credits" o "license"
para obtener más información.
>>>
```

Las tres puntas de flecha/mayor que-signos en la parte inferior es la marca registrada de la consola de Python. Esto significa que ahora está en un entorno Python y puede empezar a escribir códigos de Python.

Vamos a escribir nuestro primer código Python utilizando el símbolo del sistema!

En la consola de Python (después de escribir 'python' en la ventana de comandos), introduzca el siguiente código: **print ('Hello World')** y pulse enter. Usted debe obtener un resultado como este:

```
impresión ('Hola mundo')
Hola mundo
```

Allí, acabamos de escribir nuestro primer programa Python mostrando un mensaje usando la función de impresión de Python.

Sugerencia: Cabe señalar que, mientras Python 3xx utiliza la función de impresión como un objeto, es decir, print ('Hello World'), la función de impresión es una declaración en Python 2xx, es decir, print 'Hello World'. Esta es una (entre algunas otras) de las diferencias entre el uso de Python 2 y Python 3. Por lo tanto, para evitar tener errores en los ejemplos de código, es importante utilizar la versión 3xx de Python para seguir las lecciones de este libro.

Ahora, hemos aprendido cómo ejecutar Python a través de la ventana de comandos. Sin embargo, para escribir programas más grandes que preferiríamos terminar de desarrollar antes de ejecutar (la ventana de comandos ejecuta cada línea de código inmediatamente!), algunos editores de texto como bloc de notas, bloc de notas + + + y varios IDE han sido diseñados para crear y guardar programas Python. La extensión preferida para los archivos python es '.py', por ejemplo, Hello_world.py, y se puede ejecutar desde la consola escribiendo la ruta completa al archivo Python en el comando Ventana.

Por ejemplo, si guardamos nuestro programa Hello_world en el escritorio. La ruta de acceso del archivo podría ser algo como esto: C:-Usuarios-sunombre de equipo-Escritorio-Hello_World.py. Para ejecutar nuestro programa Python:

Abra la ventana de comandos, e ingrese 'ruta de archivo', debería ver algo como esto:

```
Microsoft Windows [Versión 10.0.17134.648]
(c) 2018 Microsoft Corporation. Todos los derechos
reservados.
```

9

```
C:-Usuarios-Nombre de usuario >C:-Usuarios-Nombre de
usuario-Escritorio-Hello_World.py
Hola mundo
```

Consejo: Para escribir scripts de *Python* con bloc de notas: cree un archivo de texto del bloc de notas y *ábralo >> Una vez abierto, escriba su* código *Python* en el *archivo >> en la esquina superior izquierda, haga clic en el archivo y seleccione guardar como >> seleccione el archivo guardar la ubicación del código >> En el cuadro 'nombre de archivo', asigne un nombre al archivo con una extensión '.py',*por ejemplo, program.py, y en la lista desplegable 'Guardar como tipo'-*seleccione 'Todos los archivos'. A continuación, haga clic en Guardar.*

Debería ver un archivo Python en su ubicación de guardado. También puede arrastrar y soltar este archivo en la ventana de comandos y ejecutarlo pulsando Intro.

Ejercicio: Intente escribir programas divertidos para mostrar texto utilizando la función de impresión como se describe en el ejemplo.

El navegante de Anaconda

Esta es una interfaz gráfica de usuario para ejecutar Python,y está especialmente optimizada para la ciencia de datos con Python. Es muy recomendable para comenzar la ciencia de datos con Python,ya que facilita la administración de importantes paquetes de ciencia de datos y bibliotecas de Python. Es una parte de la distribución Anaconda, que viene con una versión de Python (la última Anaconda todavía viene con Python 3. 7 en este momento, mayo,2019) es decir, si no tiene Python instalado, anaconda instalará una versión de Python en su ordenador.

Figura 1: El navegante anaconda

La ventaja más significativa de usar anaconda son las características de hacer clic para iniciar que ofrece para ejecutar cualquier paquete instalado en su ruta. Reduce en gran medida la necesidad de instalar paquetes a través del símbolo del sistema utilizando el método de instalación pip. Además, es fácil crear entornos virtuales para instalar y ejecutar varias versiones de Python y otros programas de ciencia de datos como 'R'. Los entornos virtuales son rutas (o carpetas) específicas de determinadas aplicaciones o paquetes de un sistema operativo. Por lo tanto, al separar varios paquetes en su entorno virtual respectivo, no habría riesgo de conflicto en la ejecución de varios paquetes /programas al mismo tiempo.

Anaconda también viene con un IDE interactivo (entorno de desarrollo integrado) para ejecutar códigos Python. Está el IDE de Spyder, que utiliza una consola y una interfaz de script; el portátil

Jupyter, que ejecuta una consola interactiva de Python y una GUI en su navegador; Jupyter Lab, etc. Estaríamos usando el cuaderno De Jupyter para nuestra posterior programación de Python en este libro.

Para instalar anaconda navigator, vaya a www.anaconda.com/downloads y descargue la última versión de la distribución de anaconda. Después de descargar, ejecute el archivo de instalación y siga las instrucciones en pantalla para instalar completamente anaconda en su ordenador.

Una vez finalizada la instalación, el siguiente paso es comprobar si anaconda está instalado correctamente.

Abra una búsqueda con **Winkey + Q** y escriba anaconda. Debería ver el navegador anaconda y el mensaje de anaconda mostrados. Haga clic en el navegador anaconda.

Si el navegador anaconda se abre, significa que ha instalado correctamente anaconda. Alternativamente, puede abrir el prompt anaconda para comprobar la versión de anaconda instalada, y también ejecutar el navegador anaconda.

En el símbolo del sistema de anaconda, **escriba: conda –version.** Usted debe obtener un resultado como este:

```
(base) Nombre de usuario>Conda --version
conda 4.6.14
```

Para comprobar la versión de Python instalada con la distribución Anaconda, **escriba: python –version.**

```
(base) C:'Usuarios'Oguntuase>python --version
Python 3.7.0
```

Para iniciar el navegador, **escriba: anaconda-navigator**

Una vez que se abre el navegador, se verifica la instalación y se realiza nuestro trabajo.

Ahora que hemos instalado Python a través de anaconda en nuestro ordenador, estamos listos para comenzar nuestro viaje de ciencia de datos con Python. Sin embargo, como se indica en el esquema, estaríamos introduciendo algunos fundamentos de Python que se consideran requisitos previos para las lecciones de ciencia de datos.

Consejo: Aunque la idea de la programación informática es en su mayoría similar, la diferencia en los lenguajes de programación existe en su sintaxis. Cosas como la declaración de variables, bucles, etc. tienen formatos válidos en Python, y estaríamos explorando eso pronto. Asegúrese de seguir los ejemplos y pruebe los ejercicios de práctica.

notas de Jupyter haciendo clic en **Iniciar** a través del navegador anaconda o abra el símbolo del sistema anaconda y **escriba: Jupyter notebook**. Se abrirá una ventana del navegador como se muestra en la figura 2 a continuación.

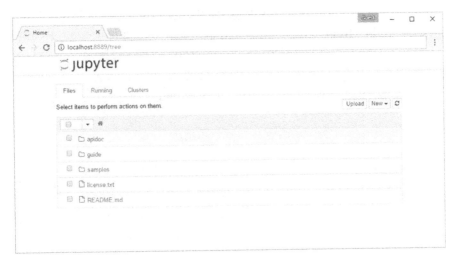

Figura 2: Cuaderno de Jupyter

Una vez en el bloc de notas de Jupyter, en el lado derecho, haga clic en **Nuevo** >> y, a continuación, en Cuaderno, haga clic en **Python 3/python[default]**.

Esto abrirá un editor de Python donde puede escribir y ejecutar códigos en tiempo real.

Consejo: Los archivos del bloc de notas de Jupyter se guardan como '. ipynb', y se puede acceder /abrir navegando a la ubicación del archivo a través de la página del explorador del bloc de notas de Jupyter. Jupyter también es compatible con Markdown y otras características de codificación en vivo que facilitan la anotación de código. Para obtener información adicional sobre el uso de Jupyter, vaya a:
https://jupyter.readthedocs.io/en/latest/running.html#running

Codificación con Python: Los rudimentos

En esta sección, puede ir a través de los ejercicios mediante Spyder IDE, Jupyter notebook o IDLE (para aquellos que tienen Python instalado fuera de anaconda). Sin embargo, se recomienda utilizar el laboratorio Jupyter para familiarizarse con la interfaz, ya que la estaríamos usando para la sección de ciencia de datos.

Declaraciones, comandos y expresiones

Los lenguajes de programación de alto nivel no son tan diferentes del lenguaje humano. Siguen un patrón y una regla particulares. Una vez que se omite esa regla, da un error. En el lenguaje, se llama un error gramatical; en programación, se llama un error de sintaxis.

Una instrucción en Python es un conjunto completo de instrucciones que logra una tarea. Se puede considerar como un equivalente a la frase en el idioma inglés que contiene un Asunto, verbo y objeto.

¿Recuperar su primer programa Python, imprimir ('Hola Mundo')? La función **de impresión** () utilizada es un comando. Puede ser considerado como un verbo, que no hace nada por sí solo. La parte **'Hello World'** es la expresión, que es la cosa a *hacer*. Juntos hacen una instrucción completa llamada una instrucción, que le dice a Python exactamente qué hacer,y cómo!

Hay muchos comandos para hacer varias cosas en Python,y nos familiarizaríamos con su uso a medida que avanzamos. Las expresiones, por otro lado, toman varias formas. A veces, se puede evaluar e. g. 4+5; otras veces, al igual que en el ejemplo anterior, es sólo un poco de texto que se mostrará.

Probemos otra versión del ejemplo "Hello World". ¿Qué tal si le decimos a Python que muestre las dos palabras más terribles que esperaría sin ver en su pantalla mientras juega un juego! 'GAME OVER'

Info: Python es una gran herramienta para el desarrollo de juegos también. Este ejemplo es una referencia a esa posibilidad en la aplicación de Python. Sin embargo, para el desarrollo de juegos estándar, tendría que aprender algunas bibliotecas y métodos específicos de Python. Puede encontrar información adicional sobre esto en:
https://wiki.python.org/moin/PythonGames

Para ello, podríamos modificar la expresión en nuestro antiguo programa.

En Jupyter notebook, **escriba: print ('GAME OVER!')** y
pulse Mayús + Intro para ejecutar . Usted debe tener un resultado
como este:

```
En [1]:    imprimir ('GAME OVER!')
Out[1]:    JUEGO OVER!
```

Consejo: para la función de impresión en *Python ,*puede incluir sus
expresiones en una comilla simple ", comillas *dobles "", o tres*
comillas "' "". Sin embargo, asegúrese siempre de usar el mismo
tipo de comillas para iniciar y terminar la expresión.

Comentarios

Considere este código que se ejecuta en el bloc de notas de Jupyter:

En [2]:*Este programa dice Hola al mundo*

```
           Autor: random_Coder_Guy
           impresión ('Hola, Mundo!')
Out[2]:    ¡Hola, mundo!
```

Puede notar fácilmente que lo único que se muestra en el resultado
es la instrucción 'Hello, World'. Ahora vamos a probar esto:

En [3]:Este programa dice Hola al mundo

```
           Author: random_Coder_Guy
           print ('Hello, World!')


      Archivo "<ipython-input-14-239b196f5fd8>",
línea 1
                 This program says Hello to the
world
```

16

Tenemos un error. Python es lo suficientemente amable como para decirnos que nuestro error está en la primera línea! La diferencia entre estos dos códigos es inmediatamente obvia. El primer código no ha producido un error debido a la libra-signo/hashtag (-) en las líneas 1 y 2. Esto se denomina **comentario.**

Los comentarios están destinados a ilustrar el código y mejorar su legibilidad. Al leer el primer código, es obvio lo que el programa está destinado a hacer. Sin embargo, para evitar que Python ejecute esas líneas en nuestro código (lo que provoca un error de sintaxis como en el segundo código), usamos el signo de comentario para distinguir estos textos.

Una buena pregunta sería, ¿son obligatorios los comentarios? ¡La única respuesta es SI! Los comentarios te salvarán la vida (mientras codificas al menos, no haría tanto en un enfrentamiento mexicano), y probablemente salvaría a otros de arrancarse el pelo mientras intentas entender tu código!

¿Alguna vez has resuelto un problema o jugado un nivel en un juego y años más tarde, no se puede recordar cómo lo hizo? Ahora imagine que sucediendo a un código muy importante que escribió; dos años después, no se puede averiguar lo que hace o cómo funciona. Esa es una forma de mala programación, y la lección a aprender ed es 'SIEMPRE COMENTARIO TU CÓDIGO!'

El uso del bloc de notas de Jupyter también ofrece más opciones para mejorar la legibilidad del código. Dado que utiliza un marco basado en web, admite 'markdown' (que es sólo una forma de dar formato a los textos en las páginas web). Para explorar completamente esta característica y otras cosas interesantes con Jupyter, visite: https://www.dataquest.io/blog/jupyter-notebook-tips-tricks-shortcuts/

Tipos de datos de Python

Los tipos de datos son especificaciones del tipo de operaciones que un programador espera que el equipo realice en/con elementos de datos específicos. Es lo que determina los atributos de los elementos de una expresión, según lo declarado por el programador, es decir, Usted.

Python, como cualquier otro lenguaje de programación, también es muy particular sobre sus tipos de datos. Los siguientes son los diversos tipos de datos disponibles en Python que estaríamos usando más adelante:

- Números (es decir, enteros, complejos, etc.)
- Cadenas
- Listas
- Tuplas
- Diccionarios
- Booleanos
- Formato de impression

Números

Los números se representan en Python como enteros, flotantes (números de punto flotante) o números complejos.

Enteros

Los numeros que no tienen puntos decimales se representan como enteros en Python con el tipo **int** (). De forma predeterminada, Python asume que los enteros están en decimal (o base 10), pero las bases se pueden cambiar si hay una necesidad de trabajar en binario, octal o hexadecimal.

Puede realizar operaciones aritméticas con enteros directamente desde el símbolo del sistema (o la celda de código en el bloc de notas de Jupyter).

• Código para operaciones aritméticas con Python

```
En [4]:     5 + 10
Out[4]:     15
```

```
En [5]:     20 - 12
Salida[5]: 8
```

```
En [6]:     3*5
Out[6]:     15
```

```
En [7]:     20/5
Out[7]:     4.0
```

Aquí podemos ver que Python puede realizar operaciones aritméticas básicas con enteros. Si observa, está claro que la suma, resta y multiplicación de enteros con otro entero da como resultado un entero. Para la división, sin embargo, el resultado es un número con un punto decimal. Este es un número de punto flotante.

Consejo: Hay otras operaciones aritméticas posibles con enteros. Todas estas operaciones son similares a las de las matemáticas básicas. ¿Recuerdas Bodmas, Pedmas o Pemdas? Me gusta usar el acrónimo Bedmas para recordar la prioridad para las operaciones aritméticas de Python.

Las raquetas B tienen prioridad, seguidas de Exponenciación, luego División o Multiplicación (tienen la misma prioridad y se pueden intercambiar), y finalmente suma y resta (que también son de la misma prioridad).

Esto se ilustra en el código siguiente:

```
En [8]:    este código intenta determinar las
operaciones de orden con enteros

           (7-2*2)**3 / (12-3**2)
Out[8]:    9.0
```

Ahora, ¿cómo funciona este código? En primer lugar, en caso de que se lo haya perdido, el '**' es el signo de exponenciación en Python (algunos otros lenguajes permiten el uso de ").

Mirando el primer soporte mientras se mantiene Bedmas en mente, se hace obvio que la exponenciación dentro del primer soporte se trata, por lo que (7-4) da 3. Entonces 3 a la potencia de 3 da 27.

Para el segundo soporte, se aplica la misma técnica y da como resultado 3. Por lo tanto, 27/3 da 9 y Python devuelve un valor de punto flotante de 9.0 debido a la división.

Ejercicio: Pruebe algunas otras operaciones aritméticas con enteros y vea lo que obtiene. Recuerde seguir el orden de las operaciones aritméticas para evitar errores.

Inicialmente, había un límite en el número de caracteres permitidos para un tipo int () tipo de datos, pero se ha levantado en las nuevas versiones de Python. Ahora puede declarar un tipo entero con tantos caracteres numéricos como sea posible (¡por supuesto, está el límite de la memoria de su computadora!). Además, como se indicó anteriormente, puede realizar operaciones aritméticas en enteros en varias bases. Python convierte estos enteros en decimales y, a continuación, realiza la operación aritmética.

Ejemplo 1: Suponiendo que necesitamos multiplicar 5_2 por 15_8. 5 en la base 2 es '101', y 15 en la base 8 es '17'

```
En [9]:    este código multiplica el entero en varias
bases y muestra el equivalente decimal

        Para especificar 101 en la base 2, usamos 0b101

        Para especificar 17 en la base 8, usamos 0o17

0b101 * 0o17

Out[9]:    75
```

Ejercicio: Pruebe algunas operaciones matemáticas aleatorias con enteros en varias bases; hexadecimal sigue sin usarse.

Flotadores

Estos son números que tienen un punto decimal en su representación. Pueden ser considerados como números reales como se definen en las matemáticas. Los flotadores se introdujeron como un medio para aumentar la precisión de representar el número en los programas informáticos.

Todas las operaciones numéricas que son posibles con enteros también se pueden replicar con floats, y Python también admite operaciones float – integer.

Python 3 controla las operaciones flotantes de una manera sencilla. En Python 2, sin embargo, al realizar la división, al menos uno de los números (normalmente el divisor) siempre debe representarse como un float para evitar el error de truncamiento en el resultado.

Recuerde que los enteros tienen una representación ilimitada en Python? Los flotadores no tienen lo mismo. El valor máximo que puede tomar un float es menor que 1.8e308 (que se considera infinito en Python).

```
En [10]:   1.8e308
Out[10]:   inf
```

En el otro extremo de la línea numérica, los flotadores tienen un valor mínimo de 1e-325 que se considera cero.

```
En [11]:   1e-325
Out[11]:   0.0
```

$$floats = \begin{cases} 0, & value \leq 1e^{-325} \\ inf, & value \geq 1.8e^{308} \end{cases}$$

Consejo: Pruebe todas las operaciones que ha realizado con enteros mediante floats.

Números complejos

Si usted sabe acerca de números complejos, lo más probable es: usted tiene algunos antecedentes de matemáticas o ingeniería. Esto muestra la posibilidad de aplicar Python a la resolución de problemas de ingeniería abstracta o matemáticas.

Los números complejos están representados por sus partes reales e imaginarias en Python,y todas las reglas de operaciones matemáticas que se aplicaa enteros y flotadores siguen siendo válidas con losnúmeros complejos de Python.

En Python,los números complejos se representan como "real" + imaginarioj . Aunque, los matemáticos pueden lanzar un ajuste, ya que prefieren el operador 'i' para el número imaginario.

Ejemplo 2: escribir un programa para calcular el producto de 5+3i y 2+4i (los problemas de ingeniería pueden tener la forma: 5+3j y 2+4j o 5+j3 y 2+j4)

```
En [12]:   Este programa calcula el producto de
números complejos

           (5+3j) * (2+4j)

Out[12]:   (-2+26j)
```

Cadenas

Esta es la representación de caracteres de texto en un lenguaje de programación. En Python, las cadenas se especifican entre comillas, ya sea simple, doble o tres comillas. ¿Recuerdas el programa Hello World que escribimos anteriormente? ¡Bueno, era una cuerda!

Ejemplo 3: Intentemos crear cadenas con los delimitadores de comillas simples, dobles y tres. Es posible que observe que Python muestra los mismos resultados.

```
En [13]:   'Michael Foster'
Out[13]:   'Michael Foster'


En [14]:   "David Beckham"
Out[14]:   'David Beckham'


En [15]:   """Guillermo Giovani"""
Out[15]:   'Guillermo Giovani'
```

Usted puede preguntarse, ¿por qué las cadenas están igualmente representadas por comillas simples, dobles o tres? ¿Por qué no te apegas a una convención? La respuesta es obvia en la forma en que se escribe el idioma inglés. Hay casos en los que las palabras escritas requieren comillas simples o dobles (como máximo). La regla es usar un mayor número de comillas para ajustar la cadena.

Por ejemplo, supongamos que quiero que Python imprima la siguiente declaración: Hello Mark, ¡es un placer conocerte!

Vamos a probar las comillas simples:

24

```
En [16]:    '¡Hola Mark, es un placer conocerte!'
Archivo "<ipython-input-23-43365d0419fc>", línea 1
"Hola Mark, es un placer conocerte!"
^
SyntaxError: sintaxis no válida
```

El uso de comillas dobles, sin embargo, nos da la respuesta correcta.

```
En [17]:    "¡Hola Mark, es un placer conocerte!"
Out[17]:    "¡Hola Mark, es un placer conocerte!"
```

Observe que la salida en este caso también está entre comillas dobles. Esto se debe al escape del apóstrofo dentro de la expresión (un apóstrofo es interpretado como una cita simple por Python). El mismo proceso sigue para comillas dobles en expresión.

Aunque es posible que se utilicen tres comillas para escribir cadenas/comentarios de líneas múltiples. No es una forma formal de hacerlo. El valor de la opción de comentario s sigue siendo el enfoque de comentario predeterminado en Python (línea por línea).

Ejemplo 4: Vamos a probar un ejemplo divertido. Mostraría un logotipo de ombat Mortal Kgenial utilizando la función de impresión. Esto es sólo una modificación del programa 'Hola mundo' que escribimos anteriormente.

Para hacer este ejemplo, necesitamos tener una manera de especificar el logotipo como cadenas. Para ello, necesitamos arte ASCII, que puede diseñar usted mismo, o copiar arte de ejemplo desde este repositorio: https://www.asciiart.eu/video-games/mortal-kombat

25

El código y la ilustración de salida se pueden ver en la figura 3.

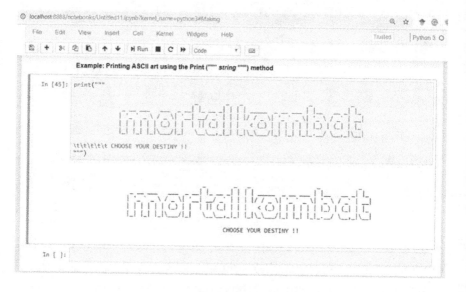

Figura 3: Ilustración de gráficos con la función de impresión y las cadenas

Ejercicio: Visite el repositorio de arte Ascii e intente replicar la visualización de gráficos mediante Python.

Concatenación de cadenas

Aunque no es factible realizar operaciones aritméticas con cadenas (las cadenas se interpretan como texto, no se pueden realizar matemáticas con texto), las cadenas se pueden unir o replicar.

Ejemplo 5: Supongamos que queremos escribir el nombre de una persona al azar. Tenemos el nombre y el apellido.

```
En [18]:   'Fuego' + ' cracker !'
Out[18]:   'Fire cracker'
```

Ejemplo 6: Ahora vamos a intentar replicar una cadena. Imagínese que necesita escribir la misma frase 100 tiempos! ¿Sólo si hubiera una manera de hacerlo una sola vez?

En este ejemplo, repetiríamos la declaración 'Me encanta la programación de Python, es 'es impresionante', tres veces. El mismo método utilizado se puede adaptar para una repetición más grande, sólo requiere su creatividad!

```
En [19]:print("Me encanta la programación de Python,
es impresionanten "* 3)

Out[19]:   Me encanta la programación de Python,   es
impresionante
           I love Python programming, it's awesome
           I love Python programming, it's awesome
```

Variables

Estos son marcadores de posición para datos de cualquier tipo, es decir, enteros, cadenas, etc. Si bien es muy eficaz imaginar una variable como un espacio de almacenamiento para mantener temporalmente los datos hasta que sea necesario, prefiero pensar en variables como el dinero.

¿Esperar qué? Sí, Dinero. Aunque técnicamente no equivale en la descripción, es bueno para la visualización de lo que hace una variable con los datos.

En primer lugar, creo que son conscientes del hecho de que el dinero sólo tiene el valor al que un consenso de la gente, digamos el banco mundial, asignarle! (es más complicado que eso, pero esa es la idea general). Eso significa que la nota de $10 que tiene hoy puede ser más valiosa o menos valiosa en el próximo año dependiendo de lo que suceda en la economía del país emisor, y en todo el mundo. También podría valer nada si el mundo así lo decide.

Ahora, relacionarlo con variables. Como se describió anteriormente, son marcadores de posición para los datos. Para declarar una variable, diga "X", le asignará datos con el valor de un tipo de datos específico. A continuación, el valor asignado se convierte en el valor de la variable. Ahora, la variable lleva el mismo valor y tipo de datos que los datos originales hasta que elija volver a asignarlos o se reasigna por eventos en el programa.

¿Tiene sentido? Vamos a probar algunos ejemplos para obtener una mejor comprensión de las variables en Python.

```
En [20]:   x a 5

           y 10

           x + y
Out[20]:   15
```

Como puede observar desde el código, x ahora es de valor 5 e y del valor 10. Si comprobamos el tipo de datos de x o y, ambos tendrían el mismo tipo de datos int() que sus datos asignados.

```
En [21]:  tipo(x)
Out[21]:  int
```

Ejercicio : Intente comprobar el tipo de la otra variable y. Cambiar los valores de x e y y realizar operaciones adicionales con ellos. Recuerde que las variables también pueden contener cadenas, solo recuerde poner las comillas para declarar cadenas.

Consejo: Hay algunas reglas para declarar variables de *Python: En primer lugar,* las variables de *Python* solo pueden comenzar con *un carácter de subrayado (_) o un alfabeto. No se puede iniciar una* variable de *Python con números o caracteres especiales,* es decir, con el valor de *$, %, etc.*

En segundo lugar, Python tiene algunos nombres reservados para funciones, es decir, print, sum, lambda, class, continue, if, else, etc. Estos nombres no se pueden utilizar para declarar variables para evitar operaciones de *Python en conflicto.*

Además, en la declaración de variable, es aconsejable utilizar una convención de nomenclatura que describa mejor lo que hace la variable. Si su variable choice-name contiene varias palabras, sepárelas con un carácter de subrayado como este: variable_Name, matric_Number, total_Number_Of_C ars, etc.

Ejemplo 7: vamos a construir un programa más elaborado para ilustrar la concatenación de cadenas.

```
En [22]: este programa concatena el nombre yel
apellido y muestrael  nombre completo.

        First_name = 'James'

        Last_name = 'Potter'

        Fullname = First_name + ' ' + Last_name

        print (Nombre Completo)


Out[22]:   James Potter
```

Consejo: ¿Ha notado que no se utilizaban comillas en la función de impresión? Esto se debe a que la variable 'Fullname' ya tiene las comillas como sus atributos. Al colocar cadenas en la función de impresión,   Python pensaría que desea imprimir *la cadena* **'Fullname'**!

Vamos a comprobar el atributo de la variable 'Fullname'.

```
En [23]:   tipo (Nombre Completo)
Out[23]:   str
```

Una vez más, vamos a construir una versión más complicada del programa de nombres que acepta la entrada del usuario para el nombre, apellidos y edad, y luego muestra algo ingenioso.

En este ejemplo, se utilizaría la función **input()** y su sintaxis se puede deducir del código.

```
En [24]: Este programa muestra el nombre y dice cosas
ingeniosas

First_name de entrada ('¿Cuál es su nombre de pila
?'t')

Last_name de entrada ('Apellido demasiado ?'t')
```

```
Edad : str (entrada ('Su edad ?'t '))

Nombre Completo : First_name + ' + Last_name

impresión ('Hola '+ Nombre Completo + ''n'n')

imprimir ('Debe ser agradable ser '+ Edad + '; Soy
una computadora, no tengo edad!')


Out[24]: ¿Cuál es su nombre de pila?     David

     Apellido también ?     Maxwell

     ¿Tu edad?   25
Hola David Maxwell


     Debe ser agradable tener 25 años; ¡Soy una
computadora, no tengo edad!
```

También puede ser fácil observar la conversión de tipo de datos de la variable de edad a una cadena mediante la   función **str** (). Esto también es posible para la conversión a otros tipos de datos, es decir, **int** ()   para la conversión a enteros, **float** ()   para la conversión a números de punto flotante y **complejo** ()   para cambiar a números complejos.

Ejercicios

1. Crea un programa sencillo que tome el nombre de tres amigos y les dé la bienvenida a un restaurante, por ejemplo, McDonalds.

2. Escriba un programa que acepte un valor entero y lo muestre como un número de punto flotante.

3. Escriba un programa simple que acepte un valor de temperatura en Celsius y muestre su equivalente de Fahrenheit.

   Sugerencia: La conversión de Celsius a Fahrenheit se da por:

$$\frac{(Temperature\ {}^\circ C \times 9)}{5} + 32 = Temperature\ {}^\circ F$$

Listas

Las listas de Python no son tan diferentes de la idea general de las listas en lenguaje regular. Es sólo una colección de valores en una secuencia separada por comas. Las listas pueden contener valores con diferentes tipos de datos, es decir, una lista de Python puede ser una secuencia combinada de enteros, flotantes, cadenas, etc. Las listas se pueden asignar a variables en su declaración y algunas operaciones de lista se ilustran en los siguientes ejemplos:

```
• Ejemplos de lista


[1,2,3,4,6] - Lista de enteros

[12.1,13.42,15.6,18.93,20.0] - Lista de flotadores

['Nuevo','Taken','Extra'] - Lista de cadenas

['Verdadero','Falso'] - Lista de expresiones
booleanas

['Derek',25,125.50,True,] - Lista de diferentes tipos
de datos
```

Para declarar una lista de Python, se utilizan los corchetes [ ] y los valores están separados por comas.

Todas las listas declaradas anteriormente muestran cómo las listas de Python son flexibles para contener datos de cualquier tipo. Sin embargo, estas listas se declaran para evaluarse una vez en la ventana de comandos. Es una mejor práctica asignar listas a variables para su reutilización.

Consejo: Para ejecutar el ejemplo anterior, copie y ejecute cada lista individualmente, si copia todas estas listas anteriores en una celda Jupyter, Python devolverá solo el resultado de la última lista declarada.

Indexación de listas

Una vez que haya declarado una lista, se puede tener acceso a cada valor de la lista a través de un método denominado indexación. Para entender este concepto, imagine que una lista es una biblioteca con varios tipos de libros. Los bibliotecarios suelen organizar libros por categoría/tipo, y como tal, no se espera encontrar un libro de ciencias en la sección de artes. Además, en cada categoría, el bibliotecario puede facilitar el acceso asignando un número de serie a cada libro. Fo ejemplo, el libro sobre 'Geografía mundial' podría tener el identificador, 'Ciencia A2' que pertenece sólo a ese libro en esa biblioteca específica. En otra biblioteca, ese mismo identificador puede referirse a 'Ciencia espacial' o algo más. El punto es que cada elemento de una lista específica tiene un identificador para tener acceso a él y la indexación de listas es el proceso de recuperar elementos de una lista mediante sus identificadores.

Para utilizar la indexación de listas, la lista debe asignarse primero a una variable. También vale la pena señalar que la indexación de listas de Python depende de la dirección. Para la indexación de izquierda a derecha, Python comienza a indexar en '0', mientras que la indexación de derecha a izquierda comienza en -1.

Ejemplo 8: Tomemos el tercer elemento de una lista.

```
En []:      Random_List [1,2,3,4,'comida']
Random_List [2]
Out[]:      3
```

Alternativamente, podríamos haber tomado el valor 3, de **Random_List** mediante el comando Random_List **[-3]**; sin embargo, no es una convención común.

También hay otras versiones de listas que contienen otras listas. Se denominan listas anidadas.

Ejemplo 9: Esta es una lista anidada

```
Random_List2 [[1,2,3,4,'integers'],'food',
             [12.3,5.2,10.0,'floats']]
```

Para entender las listas anidadas, imagine las muñecas de anidación rusas. El nombre se deriva del hecho de que la primera capa de muñeca contiene las otras muñecas. Si se elimina la capa, la siguiente capa alberga el resto de las muñecas. Esto continúa hasta que se eliminan todas las capas de muñecas para revelar la capa deseada de la muñeca. Lo que esta analogía representa es que el mismo enfoque de indexación funciona para las listas que están anidadas dentro de otras listas.

Ejemplo 10: Tomemos el valor 10.0 de Random_List2.

```
En []: Random_List2
[[1,2,3,4,'integers'],'food',[12.3,5.2,10.0,'floats']
]

   Random_List2 [2][2]
Out[]: 10.0
```

*Esto es lo que pasó. Mediante el primer comando, **Random_List2 [2]**, pudimos capturar la lista anidada que contiene el valor deseado 10.0. Si cuenta, esa lista es el tercer elemento de **Random_List2**. Ahora, después de usar la primera indexación para capturar esa lista, ahora podemos indexar esa nueva lista también. Dentro de esta nueva lista **'Random_List2[2]'** el valor 10.0 es el elemento^{3rd}, o en el índice 2 (recuerde que Python indexa desde cero, también podríamos seleccionarlo con '-2'), así que para agarrarlo, sólo indexar esa lista en 2: **'Random_List2[2][2]»**. ¿Bastante fácil? Puede intentar tomar otros elementos de la lista usando esta idea.*

Ejemplo 11: Vamos a crear un programa que acepta información del usuario y muestra algunos resultados.

```
En []:      • Programa que acepta datos de usuario
user_Data eval (entrada (''Introduzca su información
en el siguiente orden:


['Nombre', Edad, Altura (en metros), Casado (entrar
en Verdadero/Falso)]


'''))
Por favor, introduzca su información en el siguiente
orden:


['Nombre', Edad, Altura (en metros), Casado (entrar
en Verdadero/Falso)]


['James Franco', 41, 1.8, False]
```

Salida

El método Te 'eval' en el código anterior se utiliza para evaluar cualquier entrada sugerida por el usuario. Esto permite que Python acepte la entrada en forma de cadena literal e interprete como código *Python. En este caso,   Python reconoce la entrada como una lista debido a la [ ]. También asigna el tipo de datos adecuado a cada elemento tal como se especifica en la lista.*

Ahora que se ha preparado la lista de user_Data, ahora podemos asignar cada elemento de la lista a sus variables correspondientes s e imprimir nuestra salida deseada.

```
En []:      Nombre                user_Data[0]

            Edad user_Data[1]

            Altura user_Data[2]

            M_Status á user_Data[3]

            print((''''Aquí están sus datos


            Nombre: ?
       Edad:

       Altura:

       Casado:  ''').format(Nombre,
Edad,Altura,M_Status))
```

Salida

```
Aquí están sus detalles


Nombre: James Franco

Edad: 41 años

Altura: 1,8m

Casado: Falso
```

Eso fue divertido, ¿verdad? Sin embargo, puede notar que se introdujo un nuevo método en esta sección, el **'. método de impresión del formato.** Así es como funciona el código: De la lista de user_Data que hemos declarado en la primera celda, agarramos cada elemento y los asignamos a las variables 'Nombre, Edad, Altura y M_Status'. Para mostrar todos estos elementos sin necesidad de concatenar cadenas o cambiar tipos de datos, podemos usar la función de impresión con comillas triples para imprimir en varias líneas. Alternativamente, podríamos haber utilizado comillas simples

37

o dobles junto con las opciones de escape de nueva línea /pestaña, es decir, n o t.

El método '. **format**' es una forma de controlar la impresión. Sólo tiene que poner el valor en los lugares a los que se colocarían los valores y, a continuación, especificar el orden.

Asumiendo que queremos imprimir algo como: Tengo 5 años, y tengo $20.

```
En []:     impresión (('Tengo años de edad, y tengo .
.'). formato(5,'$20'))
```

Salida

```
Tengo 5 años y tengo 20 dólares.
```

Sugerencia: En el   código anterior, el $20 tenía que especificarse como una cadena. Un mejor enfoque sería utilizar la asignación variable, es decir, asignar 5 y $20 a variables y pasarlas al método *'.format'*.

Ejercicio: escriba un programa que muestre el historial de cuentas bancarias de un cliente. Esto es sólo una variación del programa de ejemplo.   Si el código no funciona, revise los ejemplos, sugerencias y comentarios para obtener una nueva información.

Indexación de un intervalo (cortar la lista)

Suponiendo que necesitamos tomar un rango de elementos de una lista, digamos los tres primeros elementos, esto se puede lograr a través de la indexación de rango o corte. El operador de rango es el colon ':', y la técnica tiene la siguiente sintaxis: Nombre de lista [inicio de rango : extremo del rango +1].

Ejemplo 12: Grab los nombres de los animales domésticos de la siguiente lista ['Cat', 'Dog', 'Goat', 'Jaguar', 'Lion'] y asígnelo a una variable **domestic_ animales**.

```
En []: Animales ['Gato', 'Perro', 'Cabra', 'Jaguar',
               'León']

       domestic_Animals - Animales [0:3]

       impresión(domestic_Animals)
```

Salida

```
['Gato', 'Perro', 'Cabra']
```

Alternativamente, si nuestros datos deseados comienzan desde el primer elemento, no hay necesidad de especificar el índice **'0'** (o el índice **'-1'** en la indexaciónde derecha a izquierda), también podríamos tener   agarró los datos con   **'domestic_Animals ' Animales [: 3]'**.

*Puede observar que el elemento **'Cabra'** está en el índice '2', sin embargo, la sintaxis de intervalo requiere que el argumento **'range end'** se especifique como **'range end +1'** que es 3 en este caso.*

El mismo enfoque se utiliza para hacer una captura de datos más complicada como se ve en el siguiente ejemplo.

Ejemplo 13: Escriba un programa que seleccione tres golosinas diferentes de una lista de alimentos e imprima un mensaje.

```
En []: food_list ['arroz', 'ensalada', ['pastel',
'helado', 'cookies',

'doughnuts'],'Beans']

golosinas food_lista [2] [1:4]
```

```
    imprimir ('Me encanta', '', '', '.'.
format(treats[0],treats[1],treats[2]))
```

Salida

```
Me encanta el helado,las galletas y las rosquillas.
```

¿Ves cómo combinamos la indexación de rango con el método
.format? Pruebe algunos ejemplos divertidos por sí mismo y
considere su competencia en el uso de estas técnicas.

Indización de cadenas

Las cuerdas son sólo un montón de caracteres *'colgados'* juntos. Por
lo tanto, todas las operaciones de indexación de lista también son
aplicables a cadenas.

Ejemplo 14: Toma la palabra 'except' de una cadena.

```
En []:      Este programa ilustra la indexación de
cadenas


Cadena á 'Excepcional'
• índice -slice
new_string de cuerdas[:6]


• Impresión de la salida
impresión(new_string)
```

Salida

```
Excepto
```

Ejemplo 15: Toma la palabra 'avena' de cualquier elemento de una lista.

```
En []:     - agarrar la palabra 'médico' de una lista
word_list ['náutica',['medieval',
'extravagancia'],'extra' ]
palabra sword_list[1][0][:4] + word_list[0][5:8]
print(palabra)
```

Salida

```
Médica
```

Consejo: siga probando variaciones de la indexación de listas y cadenas, serán muy útiles en los capítulos posteriores.

Ahora que hemos aprendido a indexar listas y cadenas, consideremos el caso en el que necesitamos asignar nuevos elementos a una lista.

El primer caso es la reasignación de elementos. Las listas son mutables (las cadenas no son mutables),lo que significa que pueden permitirle cambiar su declaración inicial. Puede volver a asignar elementos de lista mediante la indexación y también puede agregar o quitar de una lista mediante los métodos **.append**, **.insert**, **.extend**, **.remove.**

Ejemplo 16: Aquí hay una lista de frutas que queremos manipular ['Apple', 'Orange', 'Banana', 'Cashew', 'Almond'].

```
En []: - Declarar la lista de los frutos
        . frutas ['Manzana', 'Naranja', 'Banana',
'Cashew', 'Almendra']
```

41

```
        Frutas
Out[]: ['Apple', 'Orange', 'Banana', 'Cashew',
'Almond']
```

Ahora, vamos a reasignar el segundo elemento de la lista, es decir, 'Naranja' y cambiarlo a 'Guava'

```
En []: frutos[1] á 'Guava'
Frutas
Out[]: ['Apple', 'Guava', 'Banana', 'Cashew',
'Almond']
```

Observe que la guayaba se ha indexado como el segundo elemento de la lista. Sin embargo, Orange ha sido eliminado/reemplazado.

Sugerencia: Este método utiliza la idea de la reasignación de variables. El elemento 'Orange' es una variable en la lista de frutas y su nombre se basa en su índice, es decir, fruits[1], del igual que el nombre de la variable para 'Banana' sería fruits[2]. Por lo tanto,es sólo una cuestión de reasignar un valor a la variable como aprendimos en la sección anterior.

El mismo método se puede utilizar para volver a asignar cualquier elemento de esa lista. Sin embargo, ¿qué pasa si tenemos una lista anidada?

Ejemplo 17: Las reasignaciones de listas anidadas también siguen la misma idea. En primer lugar, tome el elemento anidado que se va a volver a asignar y, a continuación, asígnele un nuevo valor.

```
En []: para volver a asignar un elemento anidado.

 New_list ['Apple', ['Orange','Guava'], 'Banana',
'Cashew', 'Almond']

New_list

Out[]: ['Apple', ['Orange', 'Guava'], 'Banana',
'Cashew', 'Almond']


En []: New_list[1][0] á 'Mango'

New_list

Out[]: ['Apple', ['Mango', 'Guava'], 'Banana',
'Cashew', 'Almond']
```

Ejercicio: Ahora, intente cambiar el elemento 'target' a 'targeting' en esta lista:

```
nido [1,2,3, [4,5, ['objetivo']]]
```

Usando nuestra lista inicial de frutas, vamos a usar el método .append. Este método toma el valor que se le ha pasado y lo agrega al final de la lista. Solo puede agregar un elemento a una lista a la vez. Si se pasa más de un elemento al método, lo agrega como una sublista a la lista prevista.

Ejemplo 18: Añadir la pata de fruta a la lista de frutas y convertirlo en el último elemento.

```
En []: - Declarar la lista de los frutos
```

43

```
           frutas ['Manzana', 'Naranja', 'Banana',
  'Cashew', 'Almendra']

     fruits.append ('Pawpaw')

     Frutas

  Out[]: ['Apple', 'Orange', 'Banana', 'Cashew',
  'Almond', 'Pawpaw']
```

Para agregar una sublista, utilice el método **.append ('[elementos de sublista]')**

Ejemplo 19: Agreguemos una sublista de carbohidratos a esta lista de alimentos

```
En []: • Declarar la lista de alimentos
          foods á ['Frijoles','plátano','pescado']
     foods.append (['Arroz,  'Trigo'])
     foods
Out[]: ['Beans', 'plantain', 'fish', ['Rice',
'Wheat']]
```

Ahora, vamos a utilizar otro método **'.extend'**. Este método también agrega sus valores de entrada al final de una lista. Sin embargo, a diferencia del método .append, en el caso de varios valores de entrada, la metanfetamina .extendod agrega cada elemento a la lista, extendiendo así el índice de lista.

Ejemplo 20: Utilice el método .extend para agregar dos elementos al final de una lista.

```
En []: • Declarar la lista de alimentos
alimentos ['Frijoles','plátano','pescado']
foods.extend(['Arroz', 'Trigo'])
Alimentos
Out[]: ['Beans', 'plantain', 'fish', 'Rice', 'Wheat']
```

Consejo: Los métodos .append y .extend solo aceptan un argumento de entrada. Si es más de uno, encierre las entradas en un corchete. Esto se ve en el ejemplo19 y 20.

Bueno, ha aprendido a agregar elementos al final de una lista mediante los métodos `.append` y `.extend`. Imagine un caso en el que desee agregar un elemento a cualquier parte de una lista sin reemplazar el elemento en ese índice. El método `.insert` es adecuado para esto. También acepta un argumento e inserta ese valor en el índice especificado.

El método `.insert` tiene la sintaxis siguiente: **ListName.insert (índice deseado, nuevo valor)**

ListName es el nombre de la lista que se va a manipular. **El índice deseado** es la posición esperada de ese elemento (recuerde que la indexación comienza a partir de 0 o -1 en función de la preferencia de indexación) y New **value** es el elemento que se va a insertar en el índice especificado.

Ejemplo 21: Considere la siguiente lista de enteros, agregue el valor correcto para que la secuencia sea correcta. Count_to_ten [1,2,4,5,6,7,8,10].

```
En []: este programa ilustra el método .insert.
```

45

```
Count_to_ten [1,2,4,5,6,7,8,10]

    Count_to_ten.inserción(2,3)

Count_to_ten.inserción(8,9)

Count_to_ten

Out[]:  [1, 2, 3, 4, 5, 6, 7, 8, 9, 10]
```

Revisemos cómo funcionó. El primer uso de .insert en el ejemplo 21 asigna el valor 3 al índice 2 según lo especificado por la sintaxis. Ahora la lista 'Count_to_ten' ha aumentado en tamaño e indexación en un valor de 1, es decir, **Count_to_ten [1,2,3,4,5,6,7,8,10]**. Ahora podemos agregar el valor 9 al índice adecuado de 8 como se muestra en la líneade código[4.]

Consejo: Tenga en cuenta la expansión del índice antes de asignar elementos. En el ejemplo anterior, si asignamos primero el valor 9, la indexación del otro valor 3 no se habría visto afectada por el aumento del tamaño de la lista. A continuación, el siguiente código habría logrado el mismo resultado:

```
En []:  Count_to_ten [1,2,4,5,6,7,8,10]

    Count_to_ten.inserción(7,9)

Count_to_ten.inserción(2,3)

Count_to_ten

Out[]:  [1, 2, 3, 4, 5, 6, 7, 8, 9, 10]
```

Esto se debe a que la inserción de un valor en la lista desplaza los elementos de la lista de ese índice de inserción a la derecha. Cada uno de los elementos desplazados ahora tienes un índice incrementado por el número de elementos insertados, es decir, si un elemento tenía un índice de 3 en una lista y dos elementos se insertaron en su índice o antes de su índice, ese elemento ahora tiene un índice de 5.

El último método que consideraríamos en las operaciones de lista es el método `.remove`. Esto se utiliza para eliminar un elemento de una lista. También tiene una sintaxis similar con el método `.insert` y utiliza la indexación de listas.

Ejemplo 22: Agreguemos el valor 11 a la lista Count_to_ten

```
En []:  • Uso de la lista de salida del último ejemplo
Count_to_ten.append(11)
Out[]:  [1, 2, 3, 4, 5, 6, 7, 8, 9, 10,11]


En []:  • Restablecer a 10
Count_to_ten.remove(11)
Out[]:  [1, 2, 3, 4, 5, 6, 7, 8, 9, 10]
```

Hay algo que debe notar aquí, el método .remove no requiere la especificación del índice del elemento no deseado. Solo se necesita el nombre o el valor del elemento no deseado.

Ejercicio: Crear una lista de coches, y practicar varias manipulaciones en él. Practique la adición a la lista, la eliminación de elementos, etc.

Sugerencia: *deje que su ejercicio requiera todas las manipulaciones de la lista que hemos practicado hasta ahora. ¡Sé creativo!*

¿Recuerda cómo las listas son similares a las cadenas en algunas operaciones? Bueno, también puede hacer la adición de lista y la multiplicación (repetición) como lo hicimos con las cadenas.

Ejemplo 23: Aquí hay algunas adiciones de lista y multiplicaciones

```
En []: - Adición y multiplicación de listas
Lista1 ['A', 'B', 'C', 'D']
Lista2 [1, 2, 3, 4]
CombinedList - List1 + List2
CombinedList
Out[]: ['A', 'B', 'C', 'D', 1, 2, 3, 4]
```

```
En []: • Multiplicación de listas
       List2*2
Out[]: [1, 2, 3, 4, 1, 2, 3, 4]
```

Si bien hay más operaciones posibles con listas, hemos cubierto lo suficiente como para servir como una buena base para otras aplicaciones con listas.

Tuplas

Estos son similares a las listas, es decir, una secuencia de valores separados por comas. Sin embargo, unlike listas, tuplas son inmutables y se definen mediante un paréntesis (). Los datos también se pueden agarrar de tuplas mediante la técnica de indexación. La utilidad de las tuplas surge de la necesidad de crear partes del programa que no pueden ser modificadas por el usuario/programa durante la operación. Imagine crear un programa de cuenta bancaria. Cosas como su pin ATM podrían estar abiertas para la modificación del usuario. Sin embargo, imagine dejar que las personas tengan acceso a cambiarlos detalles de su cuenta ! Esto podría causar un conflicto en el programa bancario. Estos son los tipos de datos que pueden contener las tuplas. Los usuarios pueden recuperar estos datos; sin embargo, no se pueden cambiar.

Ejemplo 24: Declaremos algunas tuplas.

```
En []: Las tuplas se pueden declarar de dos maneras
  my_Tuple (1,2,3,4,5)
 print(my_Tuple)
tipo (my_Tuple)


Salida[]:  (1,2,3,4,5)
      tuple
```

```
En []: my_Tuple2 1,2,3,4,5,
impresión(my_Tuple2)
tipo(my_Tuple2)
Salida[]: (1,2,3,4,5)
     Tupla
```

Podemos considerar los dos tipos de declaraciones de tupla que se muestran en los códigos anteriores. Mientras que el primer método es el método tradicional y recomendado, el otro método es igualmente aceptable. El segundo método se llama "empaquetado de tuplas", y discutiríamos su relevancia más adelante.

49

Cualquier secuencia de elementos separados por comas-se declaran sin un operador o caracteres especiales como [ ], , etc. se asigna automáticamente como una tupla. Esto es importante.

Como se explicó anteriormente, todas las operaciones de indexación regulares que implican la captura de datos se pueden realizar con tuplas, sin embargo, no admite la asignación/reasignación de elementos una vez declaradas.

Otra razón por la que un programador de Python podría preferir usar una tupla sobre una lista es porque las operaciones de tupla son más rápidas que con las listas, ya que las tuplas requieren menos asignación de memoria.

Ejemplo 25:

```
En []: • Comparación de listas con tuplas
 my_List ['Hombres', 'índice', 1,2,3]
 my_tuple ('Hombres', 'índice', 1,2,3)


 a my_tuple.__sizeof__()
 b á my_List.__sizeof__() - obtener el tamaño de la
lista


 print('size of list is ' , y el tamaño de la tupla
es .'. formato(b,a))


Out[]: el tamaño de la lista es 80, y el tamaño de la
tupla es 64.
```

Aunque los elementos de una tupla y una lista son exactamente los mismos, tienen diferentes tamaños (en términos de memoria). Esto es especialmente útil para diseñar sistemas que tienen recursos limitados con requisitos de alta eficiencia.

Ejemplo 26: Tomemos algunos elementos de una tupla usando indexación

```
En []: • elementos de tupla de agarre

A my_tuple[0]

B - my_tuple[1]

impresión ('El número de s. es 0.'. format(B,A)))


Out[]: El índice de los hombres es 0.
```

Ejercicio: Pruebe otras operaciones de indexación con tuplas. Cree una tupla e intente volver a asignar uno de los elementos mediante la indexación. ¿Qué observaste y por qué?

Las tuplas también permiten una operación llamada "embalaje y desembalaje". Cualquiera de las operaciones depende del lado del operador de igualdad que es la tupla.

Ejemplo 27: Vamos a ilustrar el embalaje y desembalaje de tuplas.

```
En []: • embalaje y desembalaje de la tupla

       Tuple á 'Daniel', 'Dean', 'James' - Embalaje
       de la tupla

       [Nombre1, Nombre2, Nombre3] - Tuple -
       Desembalaje de la tupla
```

```
        print(Name1)

        print(Nombre2)

        print(Nombre3)
Out[]: Daniel

        Dean

        James
```

El empaquetado y desembalaje de tuplas son como una forma conveniente de usar tuplas para la asignación/creación de variables. Empacar una tupla es sólo una cuestión de declarar la tupla, para desempaquetar sin embargo, sólo tiene que declarar un número de variables de elección igual al número de elementos en la tupla. A continuación, cada variable toma el valor correspondiente en la tupla según el orden de disposición. Como se puede observar, la variable Name1 corresponde al elemento de tupla 'Daniel', etc.

Sugerencia: Los corchetes alrededor de las variables declaradas no son necesarios en el desembalaje de la tupla. Es sólo una práctica estándar para usar, sin embargo, el uso de () o nada dará los mismos resultados. ¡Pruébalo!

Un uso común para las tuplas es contener pares de valores. Esto es especialmente útil para recopilar datos como la información del usuario para la que cada elemento almacena datos de usuario específicos.

Ejemplo 28:

```
En []: • Recopilación de datos con tuplas
 User_Info (('Name','James'),( 'Age',22))    #Nested
 tupla
```

```
 A,B - User_Info[0]     - Desembalaje de latupla
interna

C,D - User_Info[1]     - Desembalaje de latupla
interna

print (A,     ': ',B)

 impresión(C,     ': ',D)


Out[]: Nombre : James
       Edad : 22 años
```

Diccionarios

También son similares a las listas y tuplas de ciertas maneras. A diferencia de las listas y las tuplas, los diccionarios se declaran como pares clave-valor y mediante el uso de las llaves, es decir,. Piense en los diccionarios decajas de seguridad. Puede guardar cualquier artículo que desee en él (excepto su coche, por supuesto, el tamaño importa), pero sólo se puede acceder a él con su llave!

En Diccionarios la indexación se realiza con la clave asociada con el valor almacenado. Los diccionarios son mutables en sus claves y valores (no tan seguro-caja de depósito), sin embargo, se pueden proteger mediante el uso de tuplas como sus claves o pares clave-valor (dependiendo del nivel de acceso deseado).

Ejemplo 29: Declaremos un diccionario.

```
En []: - Declaración de diccionario

  my_Dict 'Key1':'Película's','Key2': ['Iron Man',
'Avengers']'

 impresión(my_Dict)

 print(type(my_Dict))
```

```
Out[]: 'Key1': 'Película','Key2': ['Iron Man',
'Avengers']'
  <clase 'dict'>
```

Acabamos de declarar un diccionario. Observe que el primer valor es una cadena y el segundo valor es una lista. Las claves también pueden ser otros tipos de datos, y no necesariamente cadenas; sin embargo, los nombres de clave de cadena suelen ser preferidos para mantener los valores para facilitar la lectura de llamadas y códigos.

Para capturar elementos en un diccionario, primero se llama a las claves que contienen el valor.

Ejemplo 30: Agarrar elementos del diccionario

```
En []: A my_Dict['Key1']
     B á my_Dict['Key2']
     impresión (A,': ',B)
Out[]: Películas : ['Iron Man', 'Avengers']
```

Podemos ver que llamando a las claves del diccionario, pasamos los valores de la clave 1 y la clave 2 a las variables A y B. Se puede hacer una indexación de claves de diccionario más complicada.

Ejemplo 31: elementos de un diccionario anidado.

En primer lugar, declaramos nuestro diccionario:

```
En []: Acct_Dict 'Nombre':'Cliente1','Tipo de cuenta'
```

```
:'Type1':'Ahorros','type2': 'Actual''
Acct_Dict


Out[]: 'Nombre': 'Customer1', 'Tipo de cuenta':
'Type1': 'Ahorros', 'tipo2': 'Actual'
```

Si necesitamos imprimir que el usuario tiene un tipo de ahorro de cuenta bancaria, tendría que tomar primero la segunda clave 'Tipo de cuenta', luego tome la primera clave de ese diccionario resultante. Entonces podemos pasar fácilmente eso a la declaración de impresión.

```
En []: print('Tiene un '+ Acct_Dict['Tipo de
cuenta']['type1']+ ' account')


Out[]: Usted tiene una cuenta de Ahorros
```

Observe cómo se ha capturado la palabra 'Ahorros' mediante la indexación clave-valor del diccionario. Dado que el nombre de las claves de un diccionario es importante para obtener sus valores, es importante determinar las claves que contiene en cualquier momento. Para ver una lista de las claves que contiene un diccionario, utilice el método .keys().

```
En []: Acct_Dict.keys() - Teclas de comprobación de
Acct_Dict


Out[]: dict_keys(['Name', 'Account type'])
```

```
En []: Acct_Dict['Tipode cuenta'].keys() -
Comprobación de las teclas internas


Out[]: dict_keys(['type1', 'type2'])
```

Consejo: *Hay otros métodos que se pueden utilizar con un diccionario, a pesar de que esto es todo lo que necesitaríamos para nuestras lecciones aquí. Sin embargo, para utilizar estos métodos con un diccionario o para encontrar los métodos disponibles para cualquier otro tipo de datos, utilice el* método *dir().*

```
En []: • Comprobación de métodos posibles con tipos
        de datos

        • Vamos a declarar algunos tipos de datos
        primero y comprobar sus métodos


        String á 'Bob'; Entero: 100; Flotador 25,3


        Lista ['Hombre']; Tupla 5, - Para declarar
        una sola tupla

        • poner una coma después del valor único


        Diccionario s dict([('Name','Max')]) - Los
        diccionarios se pueden declarar
        • Usando dict() también.


        A -dir(String); B - dir(entero); C -
        dir(Float)
```

```
D - dir(Lista); E - dir(Tuple) ; F -
dir(Diccionario)


imprimir ('' Aquí están los métodos posibles
con cada tipo


Strings


{}


Integers


{}


Flotadores


{}


Lists


{}


Tuples


{}
```

```
    Dictionaries


    {}


    '''.formato(A,B,C,D,E,F))
```

Intente copiar y ejecutar el código anterior o escriba su propia variación. Sin embargo, el punto es que usted descubra todos los métodos posibles disponibles para cualquier tipo de datos en Python. Esta información le da acceso a realizar manipulaciones avanzadas. También observe los comentarios en el código, se introdujeron algunos métodos nuevos para declarar 'Tuples' y 'Dictionaries'. Estos son extra; sólo trucos que tal vez desee utilizar. Lo mismo ocurre con el uso de punto y coma para permitir la declaración de varias variables o comandos in una línea.

Booleanos

Estos son tipos de datos condicionales que se usan para determinar el estado de una instrucción o bloque de código. Los booleanos tienen dos valores posibles 'True' o 'False' que tienen valores enteros correspondientes de 1 y 0 respectivamente.

```
En []:    A - Valores booleanos verdaderos parecen
cadenas, pero no enclosed in quotations

    tipo(A)
Out[]:    bool
```

```
En []:      int(A)  - Valor entero del valor booleano
Out[]:      1
```

*Como se puede ver, el valor entero correspondiente para booleano
'Verdadero' es 1. Pruebe el código anterior para el valor booleano
'False'.*

Para la mayoría de las operaciones, los booleanos suelen ser valores
de salida utilizados para especificar condiciones en una instrucción
de bucle o comprobar la existencia de un elemento o condición. Esto
nos lleva al uso de comparación y operadores lógicos.

Operadores de comparación

Estos operadores, como su nombre indica, se utilizan para
comprobar la validez o no de una comparación. Los siguientes son
operadores de comparación:

Tabla 1: Operadores de comparación

<	Menos de
>	Mayor que
==	Igual a
<o	Menos o igual que
>	Mayor o igual que
!	No operador (se puede combinar con cualquiera de los anteriores)
En	Esto comprueba la existencia de un elemento/valor

Ejemplo 32: Vamos a comprobar las condiciones utilizando los operadores de comparación

```
En []: #This código ilustra la salida de comparación
booleana

 print (5 < 10); impresión (3>4);
impresión('Bob''María');

 print (Verdadero 1); impresión (Falso 0); impresión
(Verdadero ! )
Out[]: Verdadero

 Falso

 Falso

 Verdad

 Verdad

 Falso
```

```
En []: #The  'in' operador

    print ('Max' in 'MaxPayne'); print (2 in
[1,3,4,5]); print (True in [1,0])
Out[]: Verdadero

    Falso

    Verdad
```

Operadores lógicos

Estos son el equivalente de Python de las puertas lógicas. Esta es una técnica básica para realizar operaciones lógicas y también se puede combinar utilizando las versiones interpretadas de la ley de De Morgan.

En caso de que te lo preguntes, De Morgan es un tipo británico que encontró una manera de simplificar la lógica booleana usando reglas inventadas anteriormente por otro tipo británico, George Boole (Boolean lleva el nombre de este tipo).

Cuadro 2: Operadores lógicos

y/& &	Evalúa a true si, y sólo si, ambos operandos son true, false en caso contrario.
o/ ?	Evalúa a true si, al menos, uno de los operandos es true, false en caso contrario.
no /!	Se trata de una inversión del valor/operación de su operando.

Ejemplo 33: Vamos a probar algunas operaciones lógicas (tabla de verdad) con el operador 'and'.

```
En []: #The  'y'operator
 print (Verdadero y Verdadero); imprimir (verdadero y
falso);p (falso y falso)
      print (False and True); print('foo' in 'foobar'
and 1<2)
Out[]: Verdadero
Falso
Falso
 Falso
Verdad
```

Ejemplo 34: Vamos a probar algunas operaciones lógicas (tabla de verdad) con el operador 'or'.

```
En []: #The operador 'o'

    impresión (Verdadero ? True); impresión
(verdadero o falso); impresión (falso o falso)

    impresión (falso o verdadero); impresión (('foo'
en 'foobar') á 1<2)


Out[]: Verdadero

    Verdad

    Falso

    Verdad

    Verdad
```

Para la última operación del código anterior, observe cómo la operación de cadena se incluye entre paréntesis antes de que se utilice 'lógico o'. Esto se debe a que Python produce un error en el caso de comparar las operaciones de cadena directamente con otros tipos mediante el entorno lógico o.

Ejercicios:

1. Aquí hay dos listas de alimentos: ['Beans','Wheat','Bread'] y ['Rice','Plantain','Pizza','Spaghetti']

   a. Escribe un código Python para comprobar si la palabra 'Arroz' existe en ambas listas.

   b. Escriba un código Python para comprobar si 'Pizza' sale en al menos una de las listas.

2. Cree un diccionario de Python con dos teclas. La clave 1 debe ser inmutable, mientras que la tecla 2 puede cambiar. Alternativamente, los valores mantenidos por las teclas 1 y 2 son una secuencia de enteros; sin embargo, los valores de la clave 1 se pueden editar, mientras que el de la clave 2 debe ser inmutable. *Sugerencia:* Recordar, los tipos de *datos inmutables son cadenas y tuplas.*

Ahora que hemos pasado por todos los tipos de datos, deje que usar pasara bucles y condicionales.

Declaraciones condicionales y bucles

Estos son un poco diferentes de lo que hemos estado haciendo hasta ahora. Nuestros ejemplos anteriores se pueden describir como 'ejecución secuencial del programa', en el que las expresiones se evalúan línea por línea sin ningún tipo de control. Las instrucciones condicionales, sin embargo, se utilizan para tomar el control de cómo y cuándo se ejecutan las líneas de código. Los bucles, por otro lado, se utilizan para repetir la ejecución de un código específico o bloques de código. Estos dos algoritmos de control diferentes se utilizan principalmente juntos para desarrollar programas de complejidad variable, aunque, se pueden utilizar deforma independiente entre sí.

Consideremos la declaración condicional más básica y utilizada a menudo – tél **'IF'** declaración.

Esto tiene una sintaxis del formulario:

```
si expresión:
        Declaración
```

La expresión en este caso suele ser una operación booleana, mientras que la instrucción es una línea/bloque de código que se ejecutará una vez que el valor booleano se evalúe como true o false (o no sea true o false).

Ejemplo 35: Vamos a escribir un programa que concede a un usuario acceso cuando se introduce cualquiera de las tres contraseñas correctas.

```
En []: • Conceder acceso si la contraseña de usuario
es correcta

password_pool ('Smith_crete', 'Alex@456','CEO4life')

user_password de entrada ('Introduzca su contraseña:
't')


• Ahora la condición  IF

si user_password en password_pool:

print('n Access concedido!')


Out[]: Por favor, introduzca su contraseña: CEO4life


Access concedido!
```

Fue un programa divertido, ¿verdad? La idea es que Python compruebe si la contraseña introducida por el usuario está disponible en el grupo de contraseñas declarado anteriormente (¿tenga en cuenta que el grupo de contraseñas es una tupla? Esta es una forma práctica de crear contraseñas fijas/seguras)

Ejercicio: Escriba un programa para calcular cuánto debe una persona por mantener una película más allá de la fecha de vencimiento del alquiler. Deje que haya un aumento en el precio dado que la persona mantiene la película pasados 3 días.

Ejemplo 36:

```
En []: • Precio atrasado de alquiler de películas


precio1 a 5 $ 5 por cada día venideo dentro de los
primeros 3 días

precio2 a 7 $ 7 por cada día vencida después de los
primeros 3 días

days_past_due eval(input('¿Cuántos días pasados se
vencen:'t'))


• Si la declaración


si days_past_due <-3:
        print('\nYou owe $',(days_past_due*price1))

si days_past_due > 3:
        print('\nYou owe $',(3*price1 +
(days_past_due - 3)*price2))


Out[]: ¿Cuántos días después de:4


Usted debe $ 22
```

Vea cómo podemos combinar varias instrucciones if para escribir código aún más complejo? Sin embargo, hay una mejor sintaxis para evaluar varias instrucciones IF condicionales; las declaraciones **IF-ELSE.**

Tiene una sintaxis como esta:

> si *expresión*:
>
> Declaración
>
> else:
>
> *declaración* alternativa

Ejemplo 37: Versión mejorada del ejemplo 35 con *IF-ELSE*

```
En []: • Conceder acceso si la contraseña de usuario
es correcta o activar la alarma

password_pool ('Smith_crete', 'Alex@456','CEO4life')

user_password de entrada ('Introduzca su contraseña:
't')


• Ahora la condición IF-ELSE s

si user_password en password_pool:

    print('\n Access granted!')
Más:

    print('\n Access Denied! Calling Security …')


Out[]: Introduzca su contraseña: contraseña
incorrecta


    ¡Acceso denegado! Llamar a Seguridad ...
```

Esto parece un sistema de seguridad más razonable, ¿no? Aún así, el condicional IF mejora con la sintaxis IF-ELIF-ELSE. Esto le permite especificar acciones en varias situaciones.

Sintaxis:

```
si expresión:
        Declaración
    elsi  expresión:
        Declaración
    elsi  expresión:
        Declaración
    else:
        declaración alternativa /default
```

La sintaxis anterior se puede explicar en lenguaje regular como "Si se cumple la primera condición, ejecute la acción dentro de la primera instrucción, o bien, si no se cumple la primera condición, realice la acción en la segunda declaración." Esto continúa hasta la instrucción else que tiene como valor predeterminado la incapacidad del programa para fulfilcualquiera de las condiciones dentro delas sentencias IF y ELIF.

Ejemplo 38: Una versión aún mejor del ejemplo 35.

```
En []: • Conceder acceso y saludar al usuario  si la
         contraseña de usuario es correcta.
         Deen lo contrario, levante una alarma.
         password_pool ('Smith_crete',
         'Alex@456','CEO4life')
```

user_password de entrada ('Introduzca su contraseña: 't')

• Ahora la condición IF-ELIF-ELSE s

si user_password en password_pool y user_password 'Smith_crete':

print(''nAcceso concedido! Bienvenido Dr.Smith')

elif user_password en password_pool y user_password 'Alex@456':

print(''nAcceso concedido! Bienvenido Sr. Alexander')

elif user_password en password_pool y user_password 'CEO4life':

print(''nAcceso concedido! Bienvenido Sr. CEO')

otra cosa: print(''nAcceso denegado! Llamar a Seguridad ...')

Out[]: Introduzca su contraseña: contraseña incorrecta

¡Acceso denegado! Llamar a Seguridad ...

Out[]: Introduce tu contraseña: Alex@456

```
            ¡Acceso concedido! Bienvenido Sr. Alexander


Out[]: Por favor, introduzca su contraseña:
       Smith_crete



       ¡Acceso concedido! Bienvenido Dr.Smith


Out[]: Por favor, introduzca su contraseña: CEO4life



       ¡Acceso concedido! Bienvenido Sr. CEO
```

Ejercicio: Ahora que ha aprendido la declaración condicional IF y sus variaciones, pruebe algunos ejemplos más creativos y complicados por su cuenta. Por ejemplo, puede escribir un programa que compruebe una base de datos, imprima los resultados de los exámenes matemáticos de los estudiantes y comentarios sobre si aprobaron el examen o no.

Sugerencia: La base de datos del ejemplo podría ser una variación del 'grupo de contraseñas en el ejemplo 37'

Veamos ahora los bucles. Vamos a considerar dos bucles: el **bucle While** y el **bucle For**. Como se describió anteriormente, un bucle se ejecutará indefinidamente hasta que se cumpla una condición especificada. Debido a esto, se pueden utilizar para automatizar y realizar operaciones realmente potentes que abarcan un amplio rango; sin embargo, deben ser utilizados con precaución para evitar bucles infinitos!

While loop

Este bucle se utiliza para ejecutar un conjunto de instrucciones o código siempre que una condición especificada sea true. La instrucción condicional que controla el algoritmo se denomina marca y siempre es true para todos los valores distintos de cero. Cuando la marca se convierte en cero, el bucle while pasa a la siguiente línea de código que lo sigue. Podría haber una sola instrucción o varias dentro del bucle while, y Python admite la instrucción else para el bucle while.

Un bucle while tiene la sintaxis siguiente:

```
mientras que la bandera:
    Declaración
```

Ejemplo 39: Escribir un bucle while para imprimir una instrucción 5 veces.

```
En []: mientras que el bucle para imprimir la salida
5 veces


 i 1 contador


mientras que i < 6: bandera
        print (i,': I lovePython')
        i = i+1          # This Increments the value
of 'i'
 Más:
        print ('\nThe program has completed')
```

```
Out[]: 1 : Me encanta  Python

2 : Me encanta Python

3 : Me encanta Python

4 : Me encanta Python

5 : Me encanta Python


El programa ha completado
```

Bien, el programa funcionó. ¿Pero cómo?

Lo primero es la bandera. La variable 'i' se declaró con un valor de 1. Para la iteraciónfirst , Python comprueba si 1 es menor que 6: la marca es verdadera ya que 1 es menor que 6, y la instrucción de impresión ejecutas (junto con el contador que agregamos a imprimir el estado del bucle). Esto continúa hasta que se complete el bucle (cuando i-6), a continuación, se ejecuta la instrucción else (ya que el indicador es ahora false). Suponiendo que la instrucción else estaba ausente, la instrucción while finaliza (o en el caso de un programa más grande, pasa a la siguiente línea de código).

*Sugerencia: ¿Nota el incremento que incluimos después de la instrucción print? Esto es importante, ya que es lo que hace que el valor de nuestro contra cambio permita una duración de bucle específica. También tenía que colocarse **dentro del bucle While** de forma que el incremento se ejecute en cada iteración. Si eliminamos el código de incremento, tendríamos un bucle infinito como 'i' (con un valor inicial de 1) nunca será igual a 6*

Los bucles de Python tienen algunas instrucciones de control adicionales para controlar su ejecución. Tenemos el 'Break', 'Continue' y 'pass'. La instrucción break se utiliza para detener la ejecución del bucle una vez invocado. A veces podría ser útil para proteger un bucle contra el valor predeterminado en un bucle infinito. La instrucción continue, sin embargo, vuelve a probar la condición del bucle desde que se invoca, esto conduce a una continuación del bucle desde un punto de parada (usually utilizado para volver a sumarel bucle después de una instrucción break).

No usaríamos la instrucción pass aquí, ya que solo es útil para omitir la ejecución de una expresión de bucle que, de lo contrario, es necesaria por la sintaxis de bucle.

Ejemplo 40: Vamos a usar un bucle while junto con la instrucción continue para crear un programa que imprime números de 1 a 10, pero omite 8.

```
En []: Este programa imprime 1-10 pero se salta 8


 i - 0 - Contador


mientras que i<-9:
        i = i+1          # Increment
        if i == 8:
                continue
        print(i)


otra cosa: impresión ('nEl programa ha terminado')
```

```
Out[]: 1

      2

      3

      4

      5

      6

      7

      9

      10


  El programa ha terminado
```

Consejo: *¿Observa cómo se colocó nuestro incremento antes*de la 'instrucción***continue'?*** *Esto es importante para evitar un bucle infinito. En este caso, cuando el contador 'i'es iguala7, se incrementa a 8 y la instrucción **if** ejecuta la instrucción ' continue'. A continuación, se vuelve a probar la condición y el incremento agrega 1 al valor. Puesto que 9 es mayor que 8, el resto del código se ejecuta hasta que finaliza el bucle.*

Suponiendo que el incremento es después de las instrucciones **if & continue,** cuando 'i' es igual a 8, la instrucción continue vuelve a probar la condición. Ahora, puesto que no hay incremento en el valor de 'i' después de este punto, la condición 8 < 9 siempre se mantendrá verdadera, y el bucle continúa indefinidamente!

Vamos a escribir la versión de bucle indefinido de este programa y utilizar la instrucción break para terminarlo después de 15 iteraciones.

Ejemplo 41: Este programa utiliza la instrucción break y continue para crear un bucle indefinido y una secuencia de escape.

```
En []:    Este programa está destinado a imprimir 1-
          10 y saltar 8

    • Se ejecuta indefinidamente hasta un descanso


      i 1 variables de bucle

      j á 1

      mientras que i<-10:

       print ('Iteration ',j)

       if j >= 15:

             break              # loop escape
      sequence

       j = j+1


       if i == 8:

             continue        # indefinite loop
       print('\tvalue =',i)

       i = i+1

     otra cosa: print('nEl programa ha terminado')

Out[]: Iteración 1

        value = 1

       Iteración 2

        value = 2
```

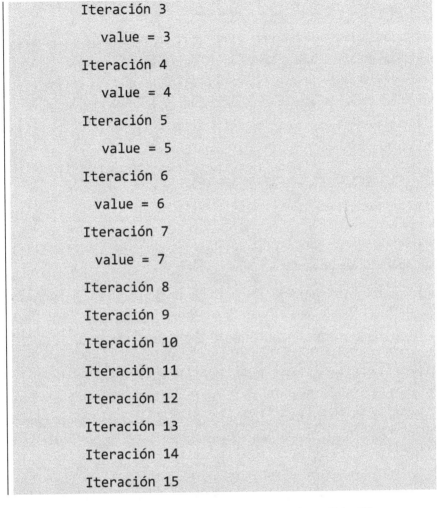

```
Iteración 3
    value = 3
Iteración 4
    value = 4
Iteración 5
    value = 5
Iteración 6
    value = 6
Iteración 7
    value = 7
Iteración 8
Iteración 9
Iteración 10
Iteración 11
Iteración 12
Iteración 13
Iteración 14
Iteración 15
```

Vea cómo el bucle se volvió indefinido en la salida '7' como se explicó anteriormente.

Consejo: *Asegúrese siempre de que el bucle puede finalizar o insertar una instrucción break para controlar dichos errores.*

For loop

Estos bucles se utilizan para recorrer en iteración una secuencia de valores. Ejecuta una instrucción de código por cada elemento presente en la secuencia de destino. Al igual que los bucles while, también están sujetos a una ejecución indefinida dependiendo de cómo se declaran.

El bucle for tiene la sintaxis siguiente:

```
para iterador  en  secuencia:
    Declaración
```

Recuerde el operador 'in' de nuestros ejemplos de comparación. Es un operador de bucle for.

La variable o el nombre del iterador no importa en el bucle for, podría ser cualquier cosa; sin embargo, la secuencia debe especificarse correctamente junto con la instrucción loop.

Nota: Aunque no es común que los bucles sean infinitos en Python, es posible. Puesto que el bucle for recorre en iteración una secuencia, es lógico que la duración del bucle dependa del tamaño de la secuencia. Si la secuencia era infinita en longitud, entonces el bucle for se ejecutará para siempre.

A continuación se muestra una muestra de un bucle infinito for. Observe cómo la lista crecerá indefinidamente a través del incremento del tamaño de la lista y los elementos a través del método de lista .append.

```
En []:      Indefinite_list á [0]
    for x in Indefinite_list:
            Indefinite_list.append(0)
            print(x)
```

La salida no se incluye aquí porque el código se ejecuta para siempre. Puede intentar ejecutar este programa, sin embargo, cuando el código se ejecuta indefinidamente, haga clic en la pestaña 'Kernel' en la parte superior de su bloc de notas de Jupyter y seleccione 'reiniciar kernel y borrar salida'. Esto reiniciará esa celda actual y detendrá el bucle inmediatamente.

Ahora vamos a probar algunos ejemplos de bucle para for.

Ejemplo 42: Vamos a escribir un código que imprime todos los elementos de una lista.

```
En []: Este programa acepta una lista e imprime sus
       números de elementos


       Lista de eval (entrada ('Introduzca una
       secuencia de números usando [ ] :'t'))


       por valor en Lista:
        impresión (''nValor',valor,'es :
        ',List[value-1])

Out[]: Introduzca una secuencia de números usando [ ]
       :[1,2,3,4,5]


       El valor 1 es: 1


       El valor 2 es: 2
```

```
El valor 3 es: 3

El valor 4 es: 4

El valor 5 es: 5
```

Recuerde, el bucle for requiere una secuencia para que se produzca su iteración. En los casos en los que necesite un cierto número de iteraciones y desee declarar una secuencia arbitraria de valores con la longitud deseada, puede utilizar la función range() de Python.

La función range crea una secuencia de valores numéricos a partir de los argumentos inferiores a un número de elementos especificados por el argumento superior.

Sintaxis: `rango (x,y)`

Aquí, **x** es el valor inicial de la secuencia con valores **y,** y el último valor de un rango suele ser y **-1.**

Ejemplo 43: Cree una lista de 10 enteros independientes entre 0 y 10.

```
En []: - usando la función de rango
    Lista(rango(0,10))
    print(Lista)

Out[]: [0, 1, 2, 3, 4, 5, 6, 7, 8, 9]
```

Consejo: En este ejemplo, la lista se creó utilizando el método *list().* *Sin embargo,* se ha demostrado la función *de rango.*

Ejercicio: Escriba un bucle for que recorre en iteración una lista de 10 elementos e imprime el valor de cada elemento junto con la iteración.

Sugerencia: utilice la función range() y el método list() para generar su lista. Además, pruebe diferentes variaciones de este ejercicio (aplicaciones más prácticas y complicadas).

Comprensión de lista

Esta es una forma sencilla de ejecutar bucles for y algunas otras operaciones condicionales con listas en Python.

```
Sintaxis:
        [instrucción para iterador en secuencia
si condición]


        para iterador en secuencia: - Código
equivalente
        if condition:
```

Ejemplo 44: vamos a utilizar la comprensión de lista para cuadrar todos los elementos de una lista

```
En []:    trial_List list(range(10))
    [(trial_List[artículo])**2 para el artículo de
trial_List]

Out[]:    [0, 1, 4, 9, 16, 25, 36, 49, 64, 81]
```

Para utilizar la parte de la instrucción **IF** de la sintaxis, consideramos una sintaxis de instrucción **IF** rápida permitida por Python.

An si *La condición* más B

Esto le permite escribir una instrucción IF de una línea -que ejecuta la acción/declaración '**A**' si se cumple la **condición,** de lo contrario se evalúa **B**. Por lo tanto, para la parte de la instrucción **IF** de la sintaxis de comprensión de lista, podemos considerar la *instrucción* ' anterior **para** *el iterador* **en** *la secuencia*' como '**A**' que se ejecuta si se cumple una condición.

Ejemplo 45: Usemos la parte IF de la comprensión de lista para tomar solo las tres primeras letras de cada elemento de cadena de una lista.

```
En []: • Coge las tres primeras letras de las cuerdas


 Lista de productos de la lista
 ['Matrix','Trilogy',1,3.4,'Cattle']


 • Lazo de agarre


 new_List de cosas [cosas[:3] para las cosas en La
 lista si type(things)- str]
 impresión (new_List)


Out[]: ['Mat', 'Tri', 'Cat']
```

Vea lo útil que es este código y compacto también. Aquí recorremos en iteración la **Lista** usando el *iterador* 'cosas', y le pedimos a Python que tome el segmento de 'cosas' (que sería el elemento que indexa en cualquier instante en el bucle) hasta el tercer elemento, es decir. cosas [:3] (¿Recuperar los ejemplos y ejercicios de captura de rebanadas/rangos?). A continuación, todas estas acciones se controlan mediante la última instrucción IF que comprueba si el elemento indexado por 'things' tiene un **tipo**. ¿Bastante fácil?

Ejercicio: A la lista del ejemplo 45, agregue las siguientes palabras 'Jeep','Man' y 'Go'. Run el mismo código del ejemplo 45 con la lista actualizada, sin embargo, sólo tomar las primeras 3 letras de palabras que tienen al menos 3 letras, es decir, todos los elementos de la lista de salida deben tener tres letras.

Sugerencia: Utilice el método list *.extend() de ejemplos anteriores para actualizar la lista. Además, utilice la función* len() *para comprobar el número de letras en una palabra. Por último, la instrucción IF puede tomar operadores lógicos* **'y, o, no'.**

Con la comprensión de la lista, el uso de la instrucción IF-ELSE es un poco diferente. En este caso, la instrucción IF-ELSE es lo primero y, a continuación, el bucle for.

Sintaxis: `[A if condición     b para iterador en la secuencia]`

Esto es igual que la instrucción IF de una línea, sin embargo, con un bucle for junto a ella.

Ejemplo 46: Escriba un programa que acepte la entrada del usuario para el número de elementos de lista. A continuación, el programa crea una lista numérica de 1 a ese número, con valores que son cuadrados de cada número impar, y la mitad para los números pares.

```
En []:  • Crear lista definida por el usuario


          nitems á eval('Por favor, introduzca el
          número de elementos de la lista: '))


       new_list de la letra [x**2 si x%2 ! s 0 x/2 para x
          en el rango(1,nitems+1)]


       print(''n Aquí está su lista
          personalizada,n',new_list)

Out[]: Introduzca el número de elementos de la lista:
          10


          Here is your custom list


          [1, 1.0, 9, 2.0, 25, 3.0, 49, 4.0, 81, 5.0]
```

Vea cómo creamos un programa tan potente en 3 líneas. Esa es la ventaja de la comprensión de la lista.

Consejo: *Tómese el tiempo para revisar la sintaxis para la comprensión de la lista, ya que será muy útil en la escritura de códigos concisos en el futuro.*

Hay otros tipos de comprensión en Python,como la comprensión del diccionario; sin embargo, la comprensión de la lista es lo que necesitamos por ahora.

Funciones

En Python o en cualquier otro lenguaje de programación, no se puede subestimar el uso de funciones. Permite al programador llamar a ciertos bloques de código para realizar una acción sin tener que escribir dicho código cada vez. Python tiene algunas funciones incorporadas como el 'range ()', 'list ()', 'type ()', etc. que hemos utilizado en ejemplos anteriores. Como se ha notado, el uso de estas funciones nos ahorró tiempo en su uso. Sin embargo, dado que Python es más como una herramienta/plantilla para escribir varios programas que son compatibles con su biblioteca, difícilmente puede contener funciones que podrían realizar cualquier acción que un programador pueda requerir. Esta es la razón por la que hay una opción para definir funciones personalizadas en Python. Con esta opción, puede escribir y llamar a su propio código para realizar una operación más grande.

Para definir una función en Python,usamos la palabra clave def (). Puede elegir interpretar la palabra clave para que signifique 'definir'. Hace que sea más fácil de comprender.

```
Sintaxis:        def function_name('argumentos'):
                 lines of code
```

El **function_name** es el nombre que quieras nombrar tu función. Este debe ser un nombre que tenga sentido en lo que hace la función. Las funciones también aceptan **argumentos,**que son entradas para que la función se evalúe. Dependiendo de la función que elija definir, los argumentos pueden ser de cualquier cosa, o nada.

Parece bastante fácil, ¿verdad? Vamos a definir algunas funciones y llamarlas para realizar ciertas acciones.

Ejemplo 47: Defina una función que imprima ('Hola usuario') cuando se llame.

```
En []:      def greet(name):
                print('Hello ',name)
```

Ahora, llamemos a la función

```
En []:      saludo('David')


            Hello  David


En []:      saludar ('PythonUser guy')


            Hello  Python User guy
```

Verás, sólo necesitábamos llamar a la función y pasar nuestro argumento. Con este método, podemos generar un saludo a cualquier valor de cadena sin tener que escribir ninguna instrucción print.

Es una buena práctica incluir un 'docstring' al escribir una función. Estos son comentarios (normalmente multilínea) que indican al

84

usuario de la función cómo llamarla y lo que hace. En el bloc de notas de Jupyter, una vez que se escribe el nombre de una función, presione la **tecla Mayús** + **pestaña** en las ventanas y se muestra la cadena de documentos. Puedes probar esto para cualquiera de las funciones que hemos utilizado hasta ahora.

Figura 4: Ejemplo de Docstring para la función de impresión.

Para incluir un docstring para la función, solo tiene que agregar un comentario de varias líneas utilizando el método de tres comillas. Ahora puede comprobar la documentación de la función.

Vamos a intentar recrear el ejemplo 46 usando una función. La función solicita al usuario la longitud de la lista require d y, a continuación, genera una lista personalizada. También incluiríamos una documentación.

85

Ejemplo 48:

```
En []:   función que crea una lista definida por el
         usuario


    def custom_list(nitems):


        """

        This function accepts a numeric value and
        creates a list.

        The list contains squares of odd numbers
        within the range

        of 1 and user input, as well as, half
        values for the even

        numbers in that range.


        syntax: custom_list(numeric value)


        """

        if nitems > 0:        # This ensures user
        compliance


        new_list  = [x**2 if x%2 != 0 else x/2 for x
        in range(1,nitems+1)]


        else: print('Enter a valid number !')   # in
        case of a fault.
```

```
    print('\n Here is your custom
    list\n\n',new_list)
```

Ahora, hemos creado nuestra función. Llamemos a la función para ver la acción.

```
En []:   - llamar a la función

      custom_list(5)


Out[]:   Aquí está su lista personalizada


      [1, 1.0, 9, 2.0, 25]
```

¡La función funciona! Sin embargo, dado que solo imprimimos la salida, no podemos acceder a la lista creada por la función. Suponiendo que necesitemos usar esa lista para otras operaciones dentro de nuestro código en lugar de simplemente para verla, podemos usar la instrucción return para asignar nuestra salida de función a una variable, que luego podemos usar más adelante.

Esto es sólo una variación del código en el ejemplo 48.

Ejemplo 49:

```
En []: función que crea unalistadefinida porel
        usuario y devuelve un valor


    def custom_list(nitems):


      " " "
```

```
        This function accepts a numeric value and
        returns a list.

        The list contains squares of odd numbers
        within the range

        of 1 and user input, as well as, half
        values for the even

        numbers in that range.


        syntax: List_name = custom_list(numeric
        value)


        """

        if nitems > 0:          # This ensures user
        compliance


        new_list  = [x**2 if x%2 != 0 else x/2 for
        x in range(1,nitems+1)]


        else: print('Enter a valid number !')   # in
        case of a fault.


        return new_list
```

Ahora vamos a llamar a nuestra función para asignar la lista a una variable 'Lista'.

```
En []:     Lista custom_list(10)

       Lista
```

```
Out[]: [1, 1.0, 9, 2.0, 25, 3.0, 49, 4.0, 81, 5.0]
```

¿Observa cómo llamar a 'List' produce una salida? La función funciona correctamente.

Ejercicio: Intente crear una función que realice una variación de la acción en el ejemplo 45. La función acepta una lista de entrada (de tipos mixtos) y extrae solo los números de la lista.

Consejo: para detectar números, puede utilizar una variación del método ilustrado en el ejemplo 45, es decir, type(item) -int o double. Otro método es utilizar el método .isdigit(), es decir, item.isdigits

Ejemplo 50: Ilustrando el método .isdigits().

```
En []: string á '123456ABC' - cadena mixta  con
       dígitos y caracteres
       A -[x para x in string  if x.isdigit()]
       Un
Out[]: ['1', '2', '3', '4', '5', '6']
```

Para concluir este capítulo introductorio a la programación de Python, veríamos algunas funciones más que serían útiles es la siguiente sección. Estas incluyen: la función de mapa, el filtro y las expresiones lambda. Vamos a discutir las expresiones lambda primero, ya que son en su mayoría útiles para asignar funciones y filtros también.

Expresión Lambda

Esto también se denomina función anónima. Las expresiones Lambda se utilizan en instancias en las que no desea escribir una función completa. En este caso, sólo necesita utilizar la función temporalmente y definir una función completa para que parezca redundante.

También reduce el esfuerzo en la escritura de código para definir funciones. Tiene la sintaxis siguiente: var á **lambda** *argumento*: *statement*

Una función se puede expresar igualmente en una línea como tal:

```
def function_name(argumento): resultado devuelto
```

Example 51: vamos a escribir una función rápida que cuadra un número y devuelve un valor.

```
En []: square_value de f (número): número de
       devolución**2  #definition

       square_value(10) - llamar a la función


Salida []: 100
```

Como alternativa, mediante la expresión lambda:

```
En []:      cuadrado - número lambda:número**2

       cuadrado(10)


Out[]:      100
```

La expresión lambda del ejemplo 51 se puede comparar con la función square_value. Se puede observar que algunas palabras han sido eliminadas: def, return y function_name. Tenga en cuenta que las expresiones lambda deben asignarse a una variable y, a continuación, la variable actúa como una función como se ilustra en la variable 'square' que logra el mismo resultado que la función square_value.

Función de mapa

La función de mapa es otra forma conveniente de trabajar con listas, especialmente en los casos en que es necesario pasar los elementos de una lista a una función de una iteración. Como era de esperar, los bucles for son la primera consideración para una tarea de este tipo. Sin embargo, la función de mapa, que recorre en iteración cada elemento de una lista y los pasa a un argumento de función, simplifica dicha tarea.

```
Sintaxis:  map (función, secuencia/lista)
Para devolver el mapa como una lista de valores,
utilice la función list () y asígnelo a una variable.
var -list (map (función, secuencia/lista)) )
```

Puede pasar una función real para asignar, o más prácticamente, utilizar una expresión lambda.

Ejemplo 52: Vamos a escribir un código utilizando la función de mapa para cuadrar todos los elementos de una lista.

```
En []: Este programa cuadra todos los elementos de
una lista
```

```
   Lista(rango(1,11))


 • usando la expresión lambda 'cuadrado'
   new_list de la lista (mapa (cuadrado, lista))
   new_list


Out[]:  [1, 4, 9, 16, 25, 36, 49, 64, 81, 100]
```

Ejercicio: con la expresión lambda y la función de mapa, escriba un programa que cree una lista de valores y muestre todos los elementos de la lista.

Función de filtro

Se utilizan para extraer elementos específicos de una secuencia basada en una función booleana. La función booleana también se puede crear mediante una expresión lambda y el filtro devuelve los valores esperados que cumplen los criterios de filtro (considérelo como una versión simplificada de una instrucción if).

Sintaxis: `filtro (función, secuencia/lista)`

Para devolver el mapa como una lista de valores, utilice la función list () y asígnelo a una variable.

`var - lista (filtro (función, secuencia/lista))`

Ejemplo 53: Extraiga solo los números pares de la lista de new_creada a partir del ejemplo 52 mediante la función de filtro.

```
En []:  • Extraer números pares

    criterios: valor lambda:valor%2-0 -
identificador de número par

    • utilizando el new_list del ejemplo 52

    even_list list(filter(criteria,new_list))

    even_list


Out[]: [4, 16, 36, 64, 100]
```

La expresión lambda, el mapa y el filtro se utilizan normalmente, respectivamente. Es importante dominarlos y mejorará considerablemente sus habilidades con la manipulación de la lista, que es muy importante en la sección posterior.

Esto concluye la parte introductoria de Python y todos los requisitos previos para seguir las lecciones del siguiente capítulo. Complete los siguientes ejercicios para poner a prueba sus conocimientos actuales of lecciones principales de este capítulo. ¡Buena suerte!

Ejercicios: Estos ejercicios ponen a prueba tus habilidades en todo lo que has aprendido en este capítulo. Trate de resolverlos usted mismo, y si encuentra alguna y difícil , reviselos ejemplos y la sintaxis por todas partes.

1. Dadas las siguientes variables: cantidad ' Gravedad', unidad ,'m/s 2', y valor 10, utilice el método .format() para imprimir la siguiente instrucción: Gravedad tiene un valor de **10 m/s-2.**

2. Escriba una función que imprima **True** si la palabra **'good'** se produce en una lista ny de cadenas.

3. Utilice la expresión lambda y la función de filtro para extraer palabras que no comiencen con la letra **'b'** en la siguiente lista ['pan','arroz','butter','beans','pizza','lasagna','eggs']

4. Dada esta lista anidada, utilice la indexación para tomar la palabra "hola Python".

```
list á [1,2,[3,4],[5,[100,200,['hello
    Python']],23,11],1,7]
```

5. Dado este diccionario anidado agarrar la palabra "hola Python"

```
d
    'k1':[1,2,3,'tricky':['oh','man','inceptio
    n','target':[1,2,3,'hello'] ]'
```

6. Escriba una función que acepte dos argumentos. El primer argumento es el nombre del estudiante, el otro es la puntuación del estudiante. Deje que el programa imprima el nombre y la calificación del alumno.

La salida depende de los siguientes criterios:

Criterios:

Si la puntuación del estudiante es inferior a 40: Hola *nombre* del estudiante que tenía un **F**

Si la puntuación del estudiante está entre 40 y 44: Hola nombre del *estudiante* que tenía unn **E**

Si la puntuación del estudiante está entre 45 y 49: Hola *nombre* del estudiante que tenía un **D**

Si la puntuación del estudiante está entre 50 y 59: Hola nombre del *estudiante* que tenía una **C**

Si la puntuación del estudiante está entre 60 y 69: Hola *nombre* del estudiante que tenía una **B**

Si la puntuación del estudiante es de 70 y más: Hola *nombre* del estudiante que tenía un **A, Cool!**

Chapter 2

Análisis de datos con Python

El análisis de datos incluye todas las técnicas y procesos utilizados en la extracción de información de datos sin procesar. Dado que los datos sin procesar suelen estar desestructurados en forma y poco informativos, la necesidad de organizar dichos datos se vuelve aún más importante. Si bien hay muchas herramientas adicionales que se pueden utilizar para manejar el análisis de datos, es decir, Microsoft Excel, Lenguaje R, SQL, etc., la mayoría de los científicos de datos prefieren usar Python debido a sus extensas bibliotecas y paquetes de soporte para el análisis de datos. Los paquetes/frameworks más populares que estaríamos explorando en este capítulo son NumPy y Pandas.

NumPy

Este es el paquete numérico de Python que admite operaciones vectoriales y de matriz. It es un paquete Python muy popular para la programación científica, matemática e ingeniería; especialmente para problemas algebraicos lineales. En gran medida, los datos numéricos se pueden simplificar en matrices (vectores o matrices, dependiendo de las dimensiones), y es por eso que NumPy es igualmente útil en la manipulación y organización de datos.

Instalación del paquete

Para empezar a usar NumPy, tenemos que instalar el paquete en nuestra versión de Python. Mientras que el método básico para instalar paquetes en Python es el método de `instalación pip`, vamos a utilizar el método de `instalación conda`. Esta es la forma recomendada de administrar todos los paquetes de Python y entornos virtuales mediante el marco anaconda.

Desde que instalamos una versión reciente de Anaconda, la mayoría de los paquetes que necesitamos habrían sido incluidos en la distribución. Para comprobar si hay algún paquete instalado, puede utilizar el comando `conda list` a través del símbolo del sistema anaconda. Esto muestra todos los paquetes actualmente instalados y accesibles a través de anaconda. Si su paquete previsto no está disponible, entonces usted puede instalar a través de este método:

En primer lugar, asegúrese de tener una conexión a Internet. Esto es necesario para descargar el paquete de destino a través de conda. Abra la solicitud anaconda y, a continuación, escriba el código siguiente:

```
Paquete de instalación de Conda
```

Nota: En el código anterior, 'package' es lo que necesita ser instalado, por ejemplo, NumPy, Pandas, etc.

Como se describió anteriormente, estaríamos trabajando con matrices NumPy. En la programación, una matriz es una colección ordenada de elementos similares. ¿Te suena familiar? Sí, son como las listas de Python, pero con superpoderes. Las matrices NumPy se dividen en dos formas: Vectores y Matrices. Son en su mayoría los mismos, sólo que los vectores son matrices unidimensionales (ya sea una columna o una fila de elementos ordenados), mientras que una matriz es de 2 dimensiones (filas y columnas). Estos son los bloques

97

fundamentales de la mayoría de las operaciones que estaríamos haciendo con NumPy. Mientras que las matrices incorporan la mayoría de las operaciones posibles con listas de Python, estaríamos introduciendo algunos métodos más recientes para crearlos y manipularlos.

Para comenzar a usar los métodos NumPy, primero tenemos que importar el paquete a nuestro espacio de trabajo actual. Esto se puede lograr de dos maneras:

```
importación numpy como np


                    o


de la importación numpy *
```

En Jupyter notebook, escriba cualquiera de los códigos anteriores para importar el paquete NumPy. Se recomienda el primer método de importación, especialmente para principiantes, ya que ayuda a realizar un seguimiento del paquete específico desde el que se llama función/método. Esto se debe a la asignación variable, por ejemplo, 'np', que hace referencia al paquete importado a lo largo de la sesión de codificación.

Observe el uso de un asterisco en el segundo método de importación. Esto significa "todo/todo" en la programación. Por lo tanto, el código dice **'de NumPy importar todo!! '**

Consejo: En Python, se nos requeriría hacer referencia al paquete con el que estamos operando, por *ejemplo, NumPy, Pandas, etc. Es más fácil asignarles nombres de variables que se pueden utilizar en otras operaciones.* Esto es significativamente útil en un caso en el que *se utilizan varios paquetes, y el uso de nombres de variables estándar como:* 'np' *para NumPy,* 'pd' *para Pandas, etc. hace que el código sea más legible.*

Ejemplo 55: Creación de vectores y matrices a partir de listas de **Python.**

Declaremos una lista de Python.

```
En []:    Esta es una lista de enteros
          Int_list [1,2,3,4,5]
          Int_list


Salida[]: [1,2,3,4,5]
```

Importación del paquete NumPy y creación de una matriz de enteros.

```
En []:    sintaxis de importación
          import numpy as np
          np.array(Int_list)


Out[]:    array([1, 2, 3, 4, 5])
```

¿Nota la diferencia en las salidas? La segunda salida indica que hemos creado una matriz, y podemos asignar fácilmente esta matriz a una variable para futuras referencias.

Para confirmar, podemos comprobar el tipo.

```
En []:    x á np.array(Int_list)

          tipo(x)
Out[]:    numpy.ndarray
```

Hemos creado un vector, porque tiene una dimensión (1 fila). Para comprobar esto, se puede utilizar el método 'ndim'.

```
En []:    x. ndim-  esto  muestra cuántas  dimensiones
          tiene la matriz


Out[]:    1
```

Alternativamente, el método de forma se puede utilizar para ver los arreglos.

```
En []:    x.shape  - esto  muestra la forma


Salida[]: (5,)
```

Python describe matrices como (filas, columnas). En este caso, describe un vector como (número de elementos,).

Para crear una matriz a partir de una lista de Python, necesitamos pasar una lista anidada que contenga los elementos que necesitamos. Recuerde que las matrices son rectangulares, por lo que cada lista de la lista anidada debe tener el mismo tamaño.

```
En []: Esta es una matriz


       x [1,2,3]
       y á [4,5,6]
```

```
my_list [y,x] - lista anidada


my_matrix de la matriz de np.array(my_list) ,
la creación de la matriz


A my_matrix.ndim

B - my_matrix.forma


• Impresión
print('Matriz
resultante:'n'n',my_matrix,''n'Dimensiones:',
A,
''nshape(filas,columnas):',B)
```

Out[]: Matriz resultante:

```
[[4 5 6]
[1 2 3]]
```

Dimensiones: 2

forma (filas, columnas): (2, 3)

Ahora, hemos creado una matriz de 2 por 3. Observe cómo el método shape muestra las filas y columnas de la matriz. Para encontrar la transposición de esta matriz, es decir, cambiar las filas a columnas, utilice el método transpose ().

```
En []:    - Esto encuentra la transposición de la
          matriz

          t_matrix = my_matrix.transpose()

          t_matrix


Out[]: array([4, 1],

          [5, 2],

          [6, 3]])
```

Consejo: *Otra forma de conocer el número de dimensiones de una matriz es contando los corchetes que abre y cierra la matriz (inmediatamente después del paréntesis). En el ejemplo vectorial, observe que la matriz estaba encerrada entre corchetes simples. En el ejemplo de matriz bidimensional, sin embargo, hay dos corchetes. Además, las tuplas se pueden utilizar en lugar de listas para crear matrices.*

Hay otros métodos para crear matrices en Python,y pueden ser másintuitivos que usar listas en alguna aplicación. Un método rápido utilizas la función `arange()`.

Sintaxis: `np.arange(valor inicial, valor stop, tamaño del paso, dtype á 'tipo')`

Este método es similar al método `range()` que usamos en el ejemplo 43. En este caso, no es necesario pasar su salida a la función de lista, nuestro resultado es un objeto de matriz de un tipo de datos especificado por 'dtype'.

Ejemplo 56 : Creación de matrices con la funciónarange().

Crearemos una matriz de números de 0 a 10, con un incremento de 2 (números pares).

```
En []:      - Matriz de números pares entre 0 y 10

            Even_array = np.arange(0,11,2)

            Even_array


Out[]:      array([ 0, 2, 4, 6, 8, 10])
```

Observe que se comporta como el método range () de nuestro ejemplo de listas. Devolvió todos los valores par entre 0 y 11 (10 siendo el máximo). Aquí, no especificamos el tipos de los elementos.

Consejo: *Recuerde, el método de rango devuelve el valor hacia arriba o el 'valor stop – 1'; por lo tanto, incluso si cambiamos el 11 a 12, todavía obtendríamos 10 como máximo.*

Dado que los elementos son numéricos, pueden ser enteros o flotantes. Los enteros son el valor predeterminado, sin embargo, para devolver los valores como floats, también podemos especificar el tipo numérico.

```
En []:      Even_array2 a np.arange(0,11,2, dtype
            'float')

            Even_array2


Out[]:      array([ 0., 2., 4., 6., 8., 10.])
```

Otra función útil para crear matrices es `linspace()`. Esto devuelve una matriz numérica de valores de espacio lineal dentro de un intervalo. También permite la especificación del número requerido de puntos,y eso tiene la siguiente sintaxis:

```
np.linspace(valor inicial, valor final, número de
puntos)
```

De forma predeterminada, linspace devuelve una matriz de 50 puntos espaciados uniformemente dentro del intervalo definido.

Ejemplo 57: Creación de **matrices** **de puntos espaciados uniformemente con linspace()**

```
En []:    - Matrices de puntos espaciados linealmente

          A = np.linspace(0,5,5) # 5 equal points
          between 0 & 5

          B = np.linspace (51,100) # 50 equal points
          between 51 & 100

          impresión   ('Aquí están los arrays: sn')

          A

          B


Aquí están las matrices:


Out[ ]: array([0.  , 1.25, 2.5 , 3.75, 5.  ])
Out[ ]: array([ 1., 2., 3., 4., 5., 6., 7., 8., 9.,
          10., 11., 12., 13., 14., 15., 16., 17., 18.,
          19., 20., 21., 22., 23., 24., 25., 26.,27.,
          28., 29., 30., 31., 32., 33., 34., 35., 36.,
          37., 38., 39., 40., 41., 42., 43., 44., 45.,
          46., 47., 48., 49., 50.])
```

Observe cómo el segundo uso de linspace no require un tercer argumento. Esto se debe a que queríamos 50 valores igualmente espaciados, que es el valor predeterminado. El 'dtype' también se puede especificar como hicimos con la función de rango.

104

Consejo 1: *Las matrices Linspace son particularmente útiles en* *parcelas. Se pueden utilizar para crear* un eje de tiempo o cualquier otro eje necesario para *producir gráficos bien definidos y escalados.*

Consejo 2: El formato de salida en el ejemplo anterior no es la *forma predeterminada para la* *salida en el portátil Jupyter. Jupyter* *muestra el último resultado por celda, de forma predeterminada.* *Para mostrar varios resultados (sin tener que utilizar la instrucción* *print* *cada vez),*el método de salida se puede *cambiar utilizando el* *código siguiente.*

```
In[]:    Permite que Jupyter genere todos los
         resultados por celda.

         • Ejecute el siguiente código en una celda De
         arriba.


         de IPython.core.interactiveshell importar
         InteractiveShell

         InteractiveShell.ast_node_interactivity á
         "all"
```

Hay ocasiones en las que un programador necesita matrices únicas como la matriz de identidad, o una matriz de unos/ceros. NumPy proporciona una manera conveniente de crearlos con las **funciones** `zeros()`, `ones()` y `eye()`.

Ejemplo 58: creación de matrices con elementos únicos.

Vamos a utilizar la función ceros () para crear un vector y una matriz.

```
En []:  np.zeros(3) - Un vector de 3 elementos
```

```
         np.zeros((2,3)) - Una matriz de  6  elementos,
         es decir,  2  filas, 3 columnas


Out[]: array([0., 0., 0.])
Out[]: array([[0., 0., 0.],
              [0., 0., 0.]])
```

Observe cómo la segunda salida es una matriz bidimensional, es decir, dos corchetes (una matriz de 2 columnas y 3 filas como se especifica en el código).

Lo mismo ocurre con la creación de un vector o matriz con todos los elementos que tienen un valor de '1'.

```
En []: np. (3)   - Un vector de 3 elementos

       Np. ((2,3))  - Una matriz de  6  elementos,
       es decir,  2  filas, 3 columnas


Out[]: array([1.,  1.,  1.])
Out[]: array([[1.,  1.,  1.],
              [1.,  1.,  1.]])
```

Además, observe cómo el código para crear las matrices requiere que las instrucciones de fila y columna se pasen como una tupla. Esto se debe a que la función acepta una entrada, por lo que se deben pasar varias entradas como tuplas o listas en el orden requerido (se recomiendan las tuplas. Recuerden, son más rápidos de operar.).

En el caso de la matriz de identidad, el ojo de función () solo requiere un valor. Puesto que las matrices de identidad siempre son cuadradas, el valor pasado determina el número de filas y columnas.

```
En []: np.eye(2) - Una matriz de  4  elementos 2
       filas, 2 columnas

       np.eye(3) á 3 filas, 3 columnas


Out[]: array([1., 0.],
             [0., 1.]])
Out[]: array([1., 0., 0.],
             [0., 1., 0.],
             [0., 0., 1.]])
```

NumPy también cuenta con generadores de números aleatorios. Se pueden utilizar para crear matrices, así como valores únicos, dependiendo de la aplicación requerida. Para acceder al generador de números aleatorios, llamamos a la biblioteca a través de `np.random`, y elegir el método aleatorio que preferimos. Consideramos tres métodos para generar números aleatorios: `rand()`, `randn()`y `randint()`.

Ejemplo 59: Generación de matrices con valores aleatorios.

Comencemos con el métodorand (). Esto genera números aleatorios distribuidos uniformemente entre 0 y 1.

```
En []: np. random.rand   (2) - Un vector de 2 valores
       aleatorios

       Np. random.rand   (2,3) - Una matriz de 6
       valores aleatorios


Out[]: array([0.01562571, 0.54649508])
```

```
Out[]: array([[0.22445055, 0.35909056, 0.53403529],
              [0.70449515, 0.96560456, 0.79583743]])
```

Observe cómo cada valor dentro de las matrices está entre 0 y 1. Puede probar esto por su cuenta y observar los valores devueltos. Dado que es una generación aleatoria, estos valores pueden ser diferentes a los suyos. Además, en el caso de los generadores de números aleatorios, las especificaciones de matriz no son necesarias para ser pasadas como listas o tuplas, como se observa en la segunda línea de código.

El método randn () genera números aleatorios a partir de la distribución normal estándar o Gaussian. Es posible que desee repasar algunos conceptos básicos en las estadísticas, sin embargo, esto sólo implica que los valores devueltos tendrían una tendencia hacia la media (que es cero en este caso) es decir, los valores serían centrado alrededor de cero.

```
En []: np. random.randn  (2) - Un vector de 2 valores
       aleatorios

       Np. random.randn  (2,3) - Una matriz de 6
       valores aleatorios


Out[]: array([ 0.73197866, -0.31538023])
Out[]: array([[-0.79848228, -0.7176693 , 0.74770505],
              [-2.10234448, 0.10995745, -0.54636425] ])
```

El método randint() genera enteros aleatorios dentro de un intervalo o intervalo especificado. Tenga en cuenta que el valor de rango más alto es exclusivo (es decir, no tiene ninguna posibilidad de ser seleccionado aleatoriamente), mientras que el valor inferior es inclusivo (podría incluirse en la selección aleatoria).

Sintaxis: `np.random(valor inferior, valor más alto, número de valores,dtype)`

Si no se especifica el número de valores, Python solo devuelve un único valor dentro del rango definido.

```
En []: np. random.randint  (1,5) - Un valor aleatorio
       entre 1 y 5

       Np. random.randint  (1,100,6) - Un  vector de
       6 valores aleatorios

       np.random.randint (1.100,(2,3)) - Una matriz
       de 6 valores aleatorios
Out[]: 4
Out[]: array([74, 42, 92, 10, 76, 43])
Out[]: array([92, 9, 99],
             [73, 36, 93]])
```

Consejo: Observe cómo se especificó el parámetro size para la tercera línea mediante una tupla. Esta es la forma de crear una matriz de enteros aleatorios mediante randint.

Ejemplo 59: Ilustración randint().

Vamos a crear un divertido programa de tirada de dados usando el método randint(). Permitiríamos dos dados, y la función devolverá una salida basada en los valores aleatorios generados en el rollo.

```
En []: " creación de un juego de tirada de dados con
       randint()

       • Definición de la función

       def roll_dice():
```

```
            """ Esta función muestra un

            dados roll valor cuando se llama """


            dados1 - np.random.randint(1,7) - Esto
        permite que 6 sean inclusivos

            dados2 - np.random.randint(1,7)


            # Display Condition.

            si dice1 dados2:

            print('Roll: ',dice1,'&',dice2,''ndoubles
        !')

                si los dados1 1:

                print('ojos de serpiente!

            Más:

            print('Roll: ',dice1,'&',dice2)


En []:    • Llamar a la función

            roll_dice()
```

```
Out[]: Rollo: 1 & 1

        ¡Dobles!

        ojos de serpiente!
```

Sugerencia: *Piense en un programa f*un y útil para ilustrar el uso de estos generadores*de* *números aleatorios,y escribir este tipo* de programas mejorará sus *posibilidades de comprensión. Además, una revisión rápida de las estadísticas, especialmente las medidas*

110

de tendencia central y dispersión/difusión será útil en su viaje de ciencia de datos.

Manipulación de matrices

Ahora que hemosaprendido a declarar matrices, estaríamos procediendo con algunos métodos para modificar estas matrices. En primer lugar, consideraremos el método the `reshape ()`, que se utiliza para cambiar las dimensiones de una matriz.

Ejemplo 60: Uso del método reshape().

Declaremos algunas matrices y llamemos al método reshape para cambiar sus dimensiones.

```
En []: freq á np.arange(10);values á
       np.random.randn(10)

       freq; Valores


Out[]: array([0, 1, 2, 3, 4, 5, 6, 7, 8, 9])


Out[]:  array([ 1.33534821, 1.73863505, 0.1982571 ,
        -0.47513784, 1.80118596,-1.73710743,
        -0.24994721, 1.41695744, -0.28384007,
        0.58446065])
```

Usando el método de remodelación, haríamos 'freq' y 'values' 2 dimensionales.

```
En []: np.reshape(freq,(5,2))


Out[]: array([0, 1],
```

111

```
        [2, 3],
        [4, 5],
        [6, 7],
        [8, 9]])
```

```
En []: np.reshape(values,(2,5))


Out[]: array([[ 1.33534821, 1.73863505, 0.1982571 ,
         -0.47513784, 1.80118596],
        [-1.73710743, -0.24994721, 1.41695744,
         -0.28384007, 0.58446065]])
```

Aunque la matriz values todavía tiene un aspecto similar después de la remodelación, observe los dos corchetes que indican que se ha cambiado a una matriz. El método de remodelación es útil cuando necesitamos realizar operaciones de matriz, y nuestras matrices son incoherentes en dimensiones. También es importante asegurarse de que el nuevo parámetro size pasado al método reshape no difiere del número de elementos de la matriz original. La idea es simple: al llamar al método reshape, el producto de los parámetros size debe ser igual al número de elementos de la matriz original.

Como se ve en el ejemplo 60, el parámetro size pasado como tupla a los métodos de remodelación da un valor de 10 cuando se multiplica, y este es también el número de elementos en 'freq' y 'values' respectivamente.

Hay ocasiones en las que es posible que necesitemos encontrar los valores máximo y mínimo dentro de una matriz (o datos del mundo real), y posiblemente el índice de dichos valores máximos o mínimos. Para obtener esta información, podemos utilizar los métodos .max(), .min(), .argmax() y .argmin() respectivamente.

Ejemplo 61:

Vamos a encontrar los valores máximo y mínimo en la matriz 'values', junto con el índice del mínimo y máximo dentro de la matriz.

```
En []:  A - values.max(); B - values.min();
        C á values.argmax()+1; D - values.argmin()+1


        print('Valor máximo: 'Valor mínimo: ?
        El valor máximo es el valor máximo, mientras
        que el elemento .
                es el valor mínimo'.format(A,B,C,D))
```

Salida

```
Valor máximo: 1.8011859577930067

Valor mínimo: -1.7371074259180737

El punto 5  es el valor máximo, mientras que el punto
        6 es el valor mínimo
```

Algunas cosas a tener en cuenta en el código anterior: Las variables C&D, que define la posición de los valores máximo y mínimo se evalúan como se muestra [añadiendo 1 al índice de los valores máximo y mínimo obtenidos a través de argmax () y argmin ()], porque la indexación de Python comienza en cero. Python indexaría el valor máximo en 4, y el mínimo en 5, que no es las posiciones reales de estos elementos dentro de la matriz (es menos probable que comience a contar elementos en una lista desde cero! A menos que seas Python, por supuesto.) .

Otra observación se puede hacer en el código. La instrucción print se divide en unas pocas líneas mediante enter. Para permitir que Python sepa que la siguiente línea de código es una continuación, se utiliza la barra diagonal inversa ". Otra forma sería usar tres comillas para una cadena de varias líneas.

Indexación y selección de matrices

La indexación de matrices es muy similar a la indexación de listas con las mismas técnicas de selección y corte de elementos (mediante corchetes). Los métodos son aún más similares cuando la matriz es un vector.

Ejemplo 62:

```
En []: - Indexación de una matriz vectorial (valores)
       Valores
       valores[0] - agarrando 1o elemento
       valores[-1] - agarrar el último elemento
       valores[1:3] - agarrando 2o y 3er elemento
       valores[3:8] - artículo 4 a 8


Out[]: array([ 1.33534821, 1.73863505, 0.1982571 ,
       -0.47513784, 1.80118596, -1.73710743,
       -0.24994721,  1.41695744, -0.28384007,
       0.58446065])


Out[]: 1.3353482110285562
```

114

```
Out[]: 0.5844606470172699
```

```
Out[]: array([1.73863505, 0.1982571 ])
```

```
Out[]: array([-0.47513784, 1.80118596, -1.73710743,
       -0.24994721, 1.41695744])
```

La principal diferencia entre matrices y listas se encuentra en la propiedad broadcast de matrices. Cuando se asigna un sector de una lista a otra variable, los cambios realizados en esa nueva variable no afectan a la lista original. Esto se ve en el ejemplo siguiente:

```
En []: num_list de la lista (rango(11)) - lista de 0-
                                           10

       num_list                      de visualización
                                     de la lista

       list_slice de num_list[:4]    - los primeros 4
                                     artículos

       list_slice                    de la pantalla:

       list_slice[:] á [5,7,9,3]     - Reasignación de
                                     elementos

       list_slice                    mostrar los
                                     valores
                                     actualizados


     • Comprobación de cambios

     print(' La lista ha cambiado !') si list_slice
     de la lista num_list[:4].

     otra impresión(' sin cambios en la lista
     original')
```

```
Out[]:  [0, 1, 2, 3, 4, 5, 6, 7, 8, 9, 10]


Out[]:  [0, 1, 2, 3]


Out[]:  [5, 7, 9, 3]


        no hay cambios en la  lista original
```

Para matrices, sin embargo, un cambio en el segmento de una matriz
también se actualiza o difunde a la matriz original, cambiando así
susvalores.

```
En []:  • Comprobación de la función de difusión de
                                          matrices


        num_array de la matriz np.arange(11) de 0-10


        num_array                       de la matriz de
                                        visualización


        array_slice de num_array[:4] - los primeros 4
                                        artículos


        array_slice                     de mostrar el
                                        sector de la
                                        pantalla


        array_slice[:] á [5,7,9,3] - Reasignación de
                                          elementos
```

```
          array_slice                      de
                                           visualización
                                           de valores
                                           actualizados

          num_array
```

```
Out[]: array([ 0, 1, 2, 3, 4, 5, 6, 7, 8, 9, 10])


Out[]: array([0, 1, 2, 3])


Out[]: array([5, 7, 9, 3])


Out[]: array([ 5, 7, 9, 3, 4, 5, 6, 7, 8, 9, 10])
```

Esto sucede porque Python intenta guardar la asignación de memoria al permitir que los sectores de una matriz sean como accesos directos o vínculos a la matriz real. De esta manera no tiene que asignarle una ubicación de memoria independiente. Esto es especialmente ingenioso en el caso de grandes matrices cuyos sectores también pueden ocupar memoria significativa. Sin embargo, para tomar un segmento de una matriz sin difusión, puede crear un 'slice de una copia' de la matriz. Se llama al método `array.copy()` para crear una copia de la matriz original.

```
En []: Aquí hay una asignación dematriz sin difusión

       num_array      # Array from the last example


     • copia los primeros 4 elementos de la copia de
       la matriz
```

```
array_slice de num_array.copy()[:4]


array_slice de la matriz de visualización
array_slice[:] á 10o reasignar matriz
array_slice de visualización de valores
  actualizados
num_array: comprobar la lista original
```

```
Out[]: array([ 5, 7, 9, 3, 4, 5, 6, 7, 8, 9, 10])


Out[]: array([5, 7, 9, 3])


Out[]: array([10, 10, 10, 10])


Out[]: array([ 5, 7, 9, 3, 4, 5, 6, 7, 8, 9, 10])
```

Observe que la matriz original permanece sin cambios.

Para matrices o matrices bidimensionales, funcionan los mismos métodos de indexación y segmentación. Sin embargo, siempre es fácil considerar la primera dimensión como las filas y la otra como la columnas. Para seleccionar cualquier elemento o sector de elementos, se especifica el índice de las filas y columnas. Vamos a ilustrar esto con algunos ejemplos:

Ejemplo 63: Agarrar elementos de una matriz

Hay dos métodos para agarrar elementos de una matriz:
`array_name[fila][col]` o `array_name[fila,col]`.

```
En []: • Creación de la matriz

          matriz:
          np.array(([5,10,15],[20,25,30],[35,40,45]))


          matriz #display matriz

          matriz[1] - Agarrando la segunda fila

          matriz[2][0] - Agarrando 35

          matriz[0:2] - Agarrando las primeras 2 filas

          matriz[2,2] - Agarrando 45


Out[]: array([[ 5, 10, 15],
              [20, 25, 30],
              [35, 40, 45]])


Out[]: array([20, 25, 30])


Out[]: 35


Out[]: array([[ 5, 10, 15],
              [20, 25, 30]])


Out[]: 45
```

Consejo: *Se* *recomienda* *utilizar* *el* método `array_name[row,col]`, *ya que guarda la escritura y es más* *compacto. Esta será la convención para el resto de esta sección.*

Para agarrar columnas, especificamos un segmento de la fila y la columna. Vamos a tratar de agarrar la segunda columna en la matriz y asignarla a una variable column_slice.

```
En []:  • Agarrar la segunda columna

        column_slice de matriz[:,1:2] - Asignación a
        variable

        column_slice


Out[]: array([10],
          [25],
          [40]])
```

Consideremos lo que pasó aquí. Para agarrar el sector de columna, primero especificamos la fila antes de la coma. Dado que nuestra columna contiene elementos en todas las filas, necesitamos que todas las filas se incluyan en nuestra selección, de ahí el **signo** `:` para todos. Alternativamente, podríamos usar `0 :`, que podría ser más fácil de entender. Después de seleccionar la fila, elegimos la columna especificando un sector de `1:2`, que le dice a Python que agarre desde el segundo elemento hasta (pero sin incluir) el tercer elemento. Recuerde que la indexación de Python comienza desde cero.

Ejercicio: intente crear una matriz más grande y utilice estas técnicas de indexación para capturar ciertos elementos de la matriz. Por ejemplo, aquí hay una matriz más grande:

```
En []: 5×10 Matriz de números pares entre 0 y 100.

large_array np.arange(0,100,2).reshape(5,10)

large_array de espectáculo


Out[]: array([[  0,  2,  4,  6,  8, 10, 12, 14, 16, 18],
              [20, 22, 24, 26, 28, 30, 32, 34, 36, 38],
              [40, 42, 44, 46, 48, 50, 52, 54, 56, 58],
              [60, 62, 64, 66, 68, 70, 72, 74, 76, 78],
              [80, 82, 84, 86, 88, 90, 92, 94, 96,
              98]])
```

Consejo: Intente agarrar elementos y filas individuales de matrices aleatorias que cree. Después de familiarizarse con esto, intente seleccionar columnas. El punto es probar tantas combinaciones como sea posible para familiarizarse con el enfoque. Si las notaciones de segmentación e indexación son confusas, intente volver a visitar la sección debajo de la lista o la división de cadenas e indexación.

*Haga clic en este enlace para volver*Error! *Reference source not found.*

Selección Condicional

Considere un caso en el que necesitemos extraer ciertos valores de una matriz que cumplan un criterio booleano. NumPy ofrece una manera conveniente de hacer esto sin tener que usar bucles.

Ejemplo 64: Uso de la selección condicional

Considere esta matriz de números impares entre 0 y 20. Suponiendo que necesitemos agarrar elementos por encima de 11. Primero tenemos que crear la matriz condicional que selecciona esto:

```
En []: odd_array de np.arange(1,20,2)  - Vector de
       números impares

       odd_array - Mostrar vector

       bool_array odd_array > 11 - Matriz condicional
       booleana

       bool_array


Out[]: array([ 1, 3, 5, 7, 9, 11, 13, 15, 17, 19])


Out[]: array([False, False, False, False, False,
       False, True, True, True, True])
```

Observe cómo el bool_array se evalúa como True en todas las instancias donde los elementos del odd_array cumplen el criterio booleano.

La matriz booleana en sí no suele ser tan útil. Para devolver los valores que necesitamos, pasaremos el Boolean_array a la matriz original para obtener nuestros resultados.

```
En []: useful_Array odd_array[bool_array]  - Los
       valores que queremos

       useful_Array


Out[]: array([13, 15, 17, 19])
```

Ahora, esa es la forma de capturar elementos mediante la selección condicional. Sin embargo, hay una forma más compacta de hacer esto. Es la misma idea, pero reduce la escritura.

En lugar de declarar primero un Boolean_array para contener nuestros valores de verdad, simplemente pasamos la condición a la matriz en sí, como lo hicimos para useful_array.

```
En []: este código es más compacto

        compactos odd_array[odd_array>11] - Una línea

        Compacto


Out[]: array([13, 15, 17, 19])
```

Vea cómo logramos el mismo resultado con sólo dos líneas? Se recomienda utilizar este segundo método, ya que ahorra tiempo y recursos de codificación. El primer método ayuda a explicar cómo funciona todo. Sin embargo, estaríamos usando el segundo método para todas las demás instancias de este libro.

Ejercicio: La selección condicional funciona en todas las matrices (vectores y matrices por igual). Crear dos 3×3 3 matriz de elementos mayores que 80 desde el 'large_array' dado en el último ejercicio.

Sugerencia: utilice el método de remodelación para convertir la matriz resultante en una matriz *3×3.*

Operaciones de NumPy Array

Por último, exploraremos las operaciones aritméticas básicas con matrices NumPy. Estas operaciones no son diferentes de las listas de Python enteros o flotantes.

Array – Operaciones de matriz

En NumPy, los arreglos de discos pueden operar entre sí utilizando varios operadores aritméticos. Cosas como la adición de dos matrices, división, etc.

Ejemplo 65:

```
En []: - Matriz - Operaciones de matriz


        • Declarar dos matrices de 10 elementos
        Array1 á np.arange(10).reshape(2,5)
        Array2 á np.random.randn(10).reshape(2,5)
        Array1; Array2 : Mostrar las matrices


        Adición
        Array_sum de la matriz1 + matriz2
        Array_sum mostrar la matriz de resultados


        #Subtraction
        Array_minus de la matriz1 - Array2
        Array_minus - Mostrar matriz


        • Multiplicación
        Array_product de la matriz1 * Array2
        Array_product • Mostrar


        • División
        Array_divide de la matriz1 / Array2
        Array_divide - Mostrar
```

```
Out[]: array([[0, 1, 2, 3, 4],
              [5, 6, 7, 8, 9]])


array([[ 2.09122638,  0.45323217, -0.50086442,
         1.00633093,  1.24838264],
       [ 1.64954711, -0.93396737,  1.05965475,
         0.78422255, -1.84595505]])


array([[2.09122638, 1.45323217, 1.49913558,
        4.00633093, 5.24838264],
       [6.64954711, 5.06603263, 8.05965475,
        8.78422255, 7.15404495]])


array([[-2.09122638,  0.54676783,  2.50086442,
         1.99366907,  2.75161736],
       [ 3.35045289,  6.93396737,  5.94034525,
         7.21577745, 10.84595505]])


array([[ 0.        ,  0.45323217, -1.00172885,
         3.01899278,  4.99353055],
       [ 8.24773555, -5.60380425,  7.41758328,
         6.27378038, -16.61359546]])


array([[ 0.        ,  2.20637474, -3.99309655,
         2.9811267 ,  3.20414581],
       [ 3.03113501, -6.42420727,  6.60592516,
        10.20118591, -4.875525  ]])
```

125

Cada una de las operaciones aritméticas realizadas es de elemento. Sin embargo, las operaciones de la división requieren un cuidado adicional. En Python, la mayoría de loserrores aritméticos en el código producen un error en tiempo de ejecución, lo que ayuda en la depuración. Para NumPy, sin embargo, el código podría ejecutarse con una advertencia emitida.

Array – Operaciones escalares

Además, NumPy admite operaciones escalares con array. Un escalar en este contexto es solo un valor numérico de tipo entero o flotante. Las operaciones escalares – Array también son de elementos, en virtud de la característica de difusión de matrices NumPy.

Ejemplo 66:

```
En []: #Scalar- Operaciones de matriz
       new_array de la página de la letra
       np.arange(0,11) - Matriz de valores de 0-10
       print('New_array')
       new_array - Mostrar
       Sc á 100 - Valor escalar


       • vamos a hacer una matriz con un  rango de
       100 - 110 (usando +)
        add_array de new_array + Sc - Adición de 100
       a cada artículo
       impresión(''nAdd_array')
       add_array - Mostrar


       • Vamos a hacer una matriz de 100s (usando -)
```

```
centurión - add_array - new_array
impresión(''nCenturion')
centurión - Espectáculo


• Vamos a hacer alguna multiplicación (usando
*)


multiplexación new_array * 100
impresión(''nMultiplex')
multiplex - Mostrar


• división [tenga cuidado], generemos
deliberadamente
Un error. Haremos una división por Cero.


err_vec - new_array / new_array
impresión(''nError_vec')
err_vec - Mostrar


New_array
```

Out[]: array([0, 1, 2, 3, 4, 5, 6, 7, 8, 9, 10])

```
Add_array
```

```
Out[]: array([100, 101, 102, 103, 104, 105, 106, 107,
        108, 109, 110])


       Centurión


Out[]: array([100, 100, 100, 100, 100, 100, 100, 100,
        100, 100, 100, 100])


       Múltiplex


Out[]: array([ 0, 100, 200, 300, 400, 500, 600, 700,
        800, 900, 1000])


       Error_vec
       C:'Usuarios'Oguntuase'Anaconda3'lib-site-
       packages'ipykernel_launcher.py:27:
       RuntimeWarning: valor no válido encontrado en
       true_divide

array([nan, 1., 1., 1., 1., 1., 1., 1., 1., 1., 1.]
```

Observe el error de tiempo de ejecución generado? La división por valor cero fue causada por la división del primer elemento de new_array por sí misma, es decir, 0/0. Esto daría un error de división por cero en el entorno normal de Python y no ejecutaría el código. NumPy, sin embargo, ejecutó el código e indicód la división por cero en la matriz Error_vec como un tipo 'nan' (no-un número). Esto también va para los valores que se evalúan hasta el infinito, que se representarían mediante el valor '+/-

`inf'` (intente `1/0` mediante la operación NumPy array-scalar o array-array.).

Consejo: Siempre tenga cuidado al usar la división para evitar tales errores de tiempo de ejecución que más tarde podrían bug el código.

Funciones de Universal Array

Estas son algunas funciones integradas diseñadas para funcionar de forma de elemento en matrices NumPy. Incluyen operaciones matemáticas, de comparación, trigonométricas, booleanas, etc. Se llaman mediante el método `np.function_name(array)`.

Ejemplo 67: Algunas funciones de Universal Array (U-Func)

```
En []:  • Uso deU-Funcs
        U_add de la página de inicio  de la página de
        new_array,Sc)
        U_add • Mostrar


        U_sub de np.subtract(add_array,new_array)
        U_sub - Mostrar


        U_log de np.log(new_array) - Registro natural
        U_log - Mostrar


        sinusoides á np.sin(new_array) - Onda
        sinusoidal
        sinusoides - Mostrar
```

```
    Alternativamente, podemos usar el .method

    new_array.max() - encontrar el máximo

    np.max(new_array) - Lo mismo


Out[]: array([100, 101, 102, 103, 104, 105, 106, 107,
        108, 109, 110])


Out[]: array([100, 100, 100, 100, 100, 100, 100, 100,
        100, 100, 100, 100])


C:-Usuarios-Oguntuase-Anaconda3-lib-site-packages-
    ipykernel_launcher.py:8: RuntimeWarning:
    dividir por cero encontrado en el registro


Out[]: array([ -inf, 0.       , 0.69314718,
        1.09861229, 1.38629436, 1.60943791,
        1.79175947, 1.94591015, 2.07944154,
        2.19722458, 2.30258509])

Out[]: array([ 0.       , 0.84147098, 0.90929743,
        0.14112001, -0.7568025 , -0.95892427,
        -0.2794155 , 0.6569866 , 0.98935825,
        0.41211849, -0.54402111])

Out[]: 10

Out[]: 10
```

Todavía hay muchas más funciones disponibles, y una referencia completa se puede encontrar en la documentación de NumPy para las funciones universales aquí:

https://docs.scipy.org/doc/numpy/reference/ufuncs.html

Ahora que hemos explorado NumPy para crear matrices, consideraríamos el marco Pandas para manipular estas matrices y organizarlas en marcos de datos.

Pandas

Esta es una biblioteca de código abierto que amplía las capacidades de NumPy. Es compatible con la limpieza y preparación de datos, con capacidades de análisis rápido. Es más como Microsoft Excel framework, pero con Python. A diferencia de NumPy, tiene sus propias características de visualización integradas y puede trabajar con datos de una variedad de fuentes. Es uno de los paquetes más versátiles para la ciencia de datos con Python,y exploraremos cómo usarlo eficazmente.

Para usar pandas, asegúrate de que actualmente forma parte de tus paquetes instalados verificando con el método `conda list`. Si no está instalado, entonces usted puede instalarlo usando el comando `conda install pandas`; necesita una conexión a Internet para esto.

Ahora que Pandas está disponible en tu PC, puedes empezar a trabajar con el paquete. Primero, comenzamos con la serie Pandas.

Serie

Esta es una extensión de la matriz NumPy. Tiene muchas similitudes, pero con una diferencia en la capacidad de indexación. Las matrices NumPy solo se indizan a través de notaciones numéricas correspondientes a las filas y columnas deseadas a las que se va a tener acceso. Para la serie Pandas, los axes tienen etiquetas que se pueden utilizar para indexar sus elementos. Además, mientras que las matrices NumPy, al igual que las listas de Python, se utilizan esencialmente para contener datos numéricos, las series Pandas se utilizan para contener cualquier forma de datos/objetos de Python.

Ejemplo 68: Vamos a ilustrar cómo crear y utilizar la serie Pandas

En primer lugar, tenemos que importar el paquete Pandas a nuestro espacio de trabajo. Usaremos el nombre de variable pd para Pandas, tal como usamos np para NumPy en la sección anterior.

```
En []:  importar numpy como np #importing numpy para
        su uso

        importar pandas como pd - importación del
        paquete Pandas
```

También importamos el paquete numpy porque este ejemplo implica una matriz numpy.

```
En []: objetos python para su uso

        etiquetas de la lista de cadenas
        ['Primero','Segundo','Tercero']

        valores de [10,20,30] - lista numérica

        matriz de datos np.arange(10,31,10) á matriz
        numpy

        dico á 'First':10,'Second':20,'Third':30' ?


        • Crear varias series

        A pd. Series(valores)
```

```
print('Serie predeterminada')
A                                    #show


B á pd. Series(values,labels)
print(''nPython lista numérica y etiqueta')
B                                    #show


C á pd. Series(array,labels)
print(''nUso de matrices y etiquetas de
Python')
C                                    #show


D á pd. Serie(dico)
print(''nPassing a dictionary')
D                                    #show


Serie predeterminada
```

Out[]: 0 10

1 20

2 30

dtype: int64

Lista numérica y etiqueta de Python

```
Out[]:  First 10

        Segundo 20

        Tercero 30

        dtype: int64


        Uso de matrices y etiquetas de Python

Out[]:  First 10

        Segundo 20

        Tercero 30

        dtype: int32


        Pasar un diccionario

Out[]:  First 10

        Segundo 20

        Tercero 30

        dtype: int64
```

Acabamos de explorar algunas formas de crear una serie Pandas usando una matriz numpy, una lista de Python y un diccionario. ¿Observa cómo las etiquetas corresponden a los valores? Además, los d types son diferentes. Dado que los datos son numéricos y de tipo entero, Python asigna el tipo adecuado de memoria entera a los datos. La creación de series a partir de matrices NumPy devuelve el tamaño entero más pequeño (int 32). La diferencia entre 32 bits y 64 bits enteros sin signo es la asignación de memoria correspondiente. 32 bits obviamente requiere menos memoria (4bytes, ya que 8bits hacen un byte), y 64 bits requerirían doble (8 bytes). Sin embargo, los enteros de 32 bits se procesan más rápido, pero tienen una capacidad limitada en valores de retención, en comparación con 64 bits.

La serie Pandas también admite la asignación de cualquier tipo de datos u objeto como sus puntos de datos.

```
En []:  pd. Series(etiquetas, valores)


Out[]:  10 First

        20 Segundo

        30 Tercero

        dtype: object
```

Aquí, los elementos de cadena de la lista de etiquetas son ahora los puntos de datos. Además, observe que el dtype no es 'objeto'.

Este tipo de versatilidad en el funcionamiento y almacenamiento de artículos es lo que hace que la serie de pandas sea muy robusta. Las series Pandas se indexan utilizando etiquetas. Esto se ilustra en los siguientes ejemplos:

Ejemplo 69:

```
En []: serie de países de la Segunda Guerra Mundial


        pool1 á pd.
        Serie([1,2,3,4],['USA','Britain','Francia','A
        lemania'])

        #show pool1
```

135

```
print('grabbing the first element')
        pool1['USA']
 - primer índice de etiquetas


Out[]: EE.UU. 1
 Gran Bretaña 2
 Francia 3
 Alemania 4
 dtype: int64


agarrando el primer elemento
Out[]: 1
```

Como se muestra en el código anterior, para capturar un elemento de serie, utilice el mismo enfoque que la indexación de matriz numpy, pero pasando la etiqueta correspondiente a ese punto de datos. El tipo de datos de la etiqueta también es importante, observe que la etiqueta 'USA' se pasó como una cadena para capturar el punto de datos '1'. Si la etiqueta es numérica, la indexación sería similar a la de una matriz numpy. Considere la posibilidad de indización numérica en el ejemplo siguiente:

```
En []: pool2 á pd.
Series(['USA','Britain','Francia','Alemania'],[1,2,3,
4])
 piscina2 #show
 print('grabbing the first element')
 pool2[1]
  indexación #numeric
```

```
Out[]: 1 Usa

2 Gran Bretaña

3 Francia

4 Alemania

dtype: object


agarrando el primer elemento


Out[]: 'USA'
```

Consejo: puede conocer fácilmente los datos mantenidos por una serie a través del dtype. Observe cómo el dtype para pool1 y pool2 son diferentes, aunque ambos se crearon a partir de las mismas listas. La diferencia es que pool2 contiene cadenas como sus puntos de datos, mientras que pool1 contiene enteros (int64).

La serie Panda se puede sumar. Funciona mejor si las dos series tienen etiquetas y puntos de datos similares.

Ejemplo 70: Adición de series

Vamos a crear una tercera serie 'pool 3'. Esta es una serie similar a pool1, pero Gran Bretaña ha sido reemplazada por 'URSS', y un valor de punto de datos correspondiente de 5.

```
En []: pool3 á pd.
Serie([1,5,3,4],['USA','URSS','Francia','Alemania'])
  pool3
```

```
Out[]: EE.UU. 1
 URSS 5
 Francia 3
 Alemania 4
 dtype: int64
```

Ahora añadiendo series:

```
En []:    • Demostración de la adición de series
 double_pool de piscina1 + piscina1
 impresión('Doble piscina')
 double_pool

 mixed_pool de piscinas1 + piscina3
 impresión(''piscina mixta')
 mixed_pool

 funny_pool de piscina1 + piscina2
 impresión('''funny Pool')
 funny_pool

 Piscina Doble
```

```
Out[]: EE.UU. 2
 Gran Bretaña 4
 Francia 6
 Alemania 8
 dtype: int64
```

Piscina mixta

```
Out[]: Gran Bretaña NaN
 Francia 6.0
 Alemania 8.0
 Estados Unidos 2.0
 URSS NaN
 dtype: float64
```

 Funny Pool

```
C:-Usuarios-Oguntuase-Anaconda3-lib-sitio- packages-
pandas-core-indexes-base.py:3772: RuntimeAdvertencia:
'<' no soportado entre instancias de 'str' e 'int',
el orden de clasificación es indefinido para objetos
incomparables
    return this.join(other, how=how,
return_indexers=return_indexers)
```

```
Out[]: EE.UU. NaN
```

```
Britain NaN

Francia NaN

Alemania NaN

1 NaN

2 NaN

3 NaN

4 NaN

dtype: object
```

Al agregar series, el resultado es el incremento en los valores de punto de datos de etiquetas (o índices)similares. Se devuelve un 'NaN' en casos en los que las etiquetas no coinciden.

Observe la diferencia entre Mixed_pool y Funny_pool: en un grupo mixto, se coinciden algunas etiquetas y sus valores se agregan juntos (debido a la operación de adición). Por Funny_pool, no coinciden las etiquetas y los puntos de datos son de tipos diferentes. Se devuelve un mensaje de error y la salida es una concatenación vertical de las dos series con puntos de datos 'NaN'.

Consejo: Siempre y cuando dos series contengan las mismas etiquetas y puntos de datos del mismo tipo, se pueden realizar operaciones básicas de matriz como suma, resta, etc. El orden de las etiquetas no importa, los valores se cambiarán en función del operador que se está utilizando. Para comprender completamente esto, intente ejecutar variaciones de los ejemplos dados anteriormente.

Marcos de datos

Un marco de datos Pandas es solo una colección ordenada de la serie Pandas con un índice común/compartido. En su forma básica, un marco de datos se parece más a una hoja de Excel con filas, columnas, etiquetas y encabezados. Para crear un marco de datos, se utiliza la sintaxis siguiente:

```
Pd. DataFrame(data-None, index-None, columns-None,
              dtype-None, copy-False)
```

Normalmente, la entrada de datos es una matriz de valores (de cualquier tipo de datos). Los parámetros de índice y columna suelen ser listas/vectores de tipo numérico o de cadena.

Si una serie Pandas se pasa a un objeto de marco de datos, el índice se convierte automáticamente en las columnas y los puntos de datos se asignan en consecuencia.

Ejemplo 71: Creación de un marco de datos

```
En []: df á pd. DataFrame([pool1])   - pasando una
serie

df - show


• Dos series
index- 'WWI IWII'.split()
new_df pd. DataFrame([pool1,pool3],index)
new_df de espectáculo
```

Salida:

E.e.u.u	Gran bretaña	Francia	Alemania	
0	1	2	3	4

	E.e.u.u	Gran bretaña	Francia	Alemania
WWI	1	2	3	4
WWII	5	1	3	4

Hemos creado dos marcos de datos a partir de la serie pool 1 y pool 3 que creamos anteriormente. Observe cómo el primer marco de datos asigna las etiquetas de serie como encabezados de columna y, dado que no se asignó ningún índice, se estableció un valor de '0' en ese índice, es decir, encabezado de fila.

Para el segundo marco de datos, las etiquetas de fila se especificaron pasando una lista de cadenas ['WWI','WWII'].

Consejo: El método de cadena `.split()` *es una forma rápida de crear listas de cadenas. Funciona dividiendo una cadena en sus caracteres de componente, dependiendo del delimitador pasado al método de cadena.*

Por ejemplo, dividamos este correo electrónico 'pythonguy@gmail.com' en una lista que contenga el nombre de usuario y el nombre de dominio.

```
En []: - Ilustrando el método split()


   correo electrónico: 'pythonguy@gmail.com'

   string_vec de correo electrónico.split(''')

   string_vec de espectáculo

   A - string_vec[0]; B - string_vec[1] - Extraer
valores

   print('Nombre de usuario:',A,'nNombre de
dominio:',B)


Out[]: ['pythonguy', 'gmail.com']


    Nombre de usuario: pythonguy

    Nombre de dominio: gmail.com
```

Para crear un marco de datos con una matriz, podemos usar el siguiente método:

```
• Creación de una trama de datos con una   matriz


Matriz: np.arange(1,21).reshape(5,4) á numpy array

row_labels 'A B C D E'.split()

col_labels 'odd1 even1 even2 even2'.split()

Arr_df pd. DataFrame(Array,row_labels,col_labels)

Arr_df
```

Salida:

	odd1	even1	odd2	even2
Un	1	2	3	4
B	5	6	7	8
C	9	10	11	12
D	13	14	15	16
E	17	18	19	20

Observe cómo esto no es diferente de cómo creamos hojas de cálculo en Excel. Intente jugar con la creación de marcos de datos.

Ejercicio: cree un marco de datos a partir de una matriz de 5 4 valores×aleatorios distribuidos uniformemente. Incluya los nombres de fila y columna de su elección utilizando el método **.split()**.

Sugerencia: utilice la función rand para generar los valores y utilice el método de remodelación para formar una matriz.

Ahora que podemos crear convenientemente marcos de datos, vamos a aprender a indexar y agarrar elementos de ellos.

Consejo: Cosas a tener en cuenta acerca de los marcos de datos.

- *Son una colección de series (más como una lista con la serie Pandas como elementos).*

- *Son similares a las matrices numpy, es decir, son más como×n m matrices dimensionales, donde 'n' son las filas y 'm' son las columnas.*

Ejemplo 71: Captura de elementos de un marco de datos.

Los elementos más fáciles de agarrar son las columnas. Esto se debe a que, de forma predeterminada, cada elemento de columna es una serie con los encabezados de fila como etiquetas. Podemos agarrarlos usando un método similar de la serie – indexación por nombre.

```
En []: • Capturar elementos de marco de datos


   Arr_df['odd1'] - agarrando La primera columna


Out[]: A 1

   B 5

   C 9

   D 13

   E 17

   Nombre: odd1, dtype: int32
```

Bastante fácil, ¿verdad? Observe cómo la salida es como una serie Pandas. Puede comprobarlo mediante el comando `type(Arr_df['odd1'])`.

Sin embargo, cuando se agarra más de una columna, devuelve un marco de datos (lo que tiene sentido, ya que un marco de datos es una colección de al menos dos series). Para capturar más de una columna, pase los nombres de columna a la indexación como una lista. Esto se muestra en el siguiente código de ejemplo:

```
En []:      • Agarrar dos columnas


 Arr_df['odd1','even2']] - agarrando la primera y la
última columna
```

Salida:

	odd1	even2
A	1	4
B	5	8
C	9	12
D	13	16
E	17	20

Para seleccionar un elemento específico, utilice la notación de indexación de corchetes dobles que aprendimos en la indexación de matriz. Por ejemplo, vamos a seleccionar el valor 15 de Arr_df.

```
En []: Arr_df['odd2']['D']
Out[]: 15
```

Usted puede decidir dividir los pasos en dos, si lo hace más fácil. Sin embargo, este método es preferible, ya que guarda la memoria de la asignación de variables. Para explicarlo, vamos a dividirlo en dos pasos.

```
En []: x á Arr_df['odd2']
X


Out[]: A 3
 B 7
 C 11
 D 15
 E 19
 Nombre: odd2, dtype: int32
```

Compruebe que la primera operación devuelve una serie que contiene el elemento '15'. Esta serie ahora se puede indexar para agarrar 15 usando la etiqueta 'D'.

```
En []: x['D']
Out[]: 15
```

Si bien este enfoque funciona, y es preferido por los principiantes, un mejor enfoque es sentirse cómodo con el primer método para ahorrar tiempo y recursos de codificación.

Para agarrar filas, se utiliza un método de indexación diferente. Puede utilizar `data_frame_name.loc['row_name']` o `data_frame_name.iloc['row_index']`.

Vamos a tomar la fila E de `Arr_df`.

```
En []:    print("using .loc['E']")
```

```
Arr_df.loc['E']


print(''nusing .iloc[4]')
Arr_df.iloc[4]


    usando .loc['E']
Out[]:

    odd1 17

    even1 18

    odd2 19

    even2 20

    Nombre: E, dtype: int32


    usando .iloc[4]
Out[]:

    odd1 17

    even1 18

    odd2 19

    even2 20

    Nombre: E, dtype: int32
```

¡Ves, el mismo resultado!

También puede utilizar el método de indización de filas para seleccionar elementos individuales.

```
En []: Arr_df.loc['E']['even2']
    • 0
```

```
Arr_df.iloc[4]['even2']
```

```
Out[]: 20
```

```
Out[]: 20
```

Continuando, intentaremos crear nuevas columnas en un marco de datos y también eliminaremos una columna.

```
En []: Vamos a añadir dos columnas de suma a Arr_df


 Arr_df['Odd sum'] á Arr_df['odd1']+Arr_df['odd2']
 Arr_df['Incluso suma'] á
 Arr_df['even1']+Arr_df['even2']


 Arr_df
```

Salida:

	odd1	even1	odd2	even2	Suma impar	Incluso la suma
Un	1	2	3	4	4	6
B	5	6	7	8	12	14
C	9	10	11	12	20	22
D	13	14	15	16	28	30

149

	odd1	even1	odd2	even2	Suma impar	Incluso la suma
E	17	18	19	20	36	38

Observe cómo se declaran las nuevas columnas. Además, las operaciones aritméticas son posibles con cada elemento en el marco de datos, al igual que hicimos con la serie.

Ejercicio: agregue una columna adicional a este marco de datos. Llámalo Suma Total, y debe ser la suma de suma impar e suma uniforme.

Para quitar una columna de un marco de datos, usamos el método `data_frame_name.drop()`.

Vamos a quitar la inserción de una nueva columna y luego eliminarla mediante el método `.drop()`.

```
En []:      Arr_df['disposable'] á np.zeros(5) - nueva
columna

       Arr_df

#show
```

Salida:

	odd1	even1	odd2	even2	Suma impar	Incluso la suma	Desechables
Un	1	2	3	4	4	6	0.0
B	5	6	7	8	12	14	0.0
C	9	10	11	12	20	22	0.0

150

	odd1	even1	odd2	even2	Suma impar	Incluso la suma	Desechables
D	13	14	15	16	28	30	0.0
E	17	18	19	20	36	38	0.0

Para eliminar la columna nodeseada:

```
En []:     para eliminar
Arr_df.drop('disposable',axis-1,inplace-True)
Arr_df
```

Salida:

	odd1	even1	odd2	even2	Suma impar	Incluso la suma
Un	1	2	3	4	4	6
B	5	6	7	8	12	14
C	9	10	11	12	20	22
D	13	14	15	16	28	30
E	17	18	19	20	36	38

Observe los argumentos 'axis-1' y 'inplace - True'. Se trata de parámetros que especifican la ubicación para realizar la colocación, es decir, el eje (el eje 0 especifica la operación de fila) y la intención de transmitir la colocación al marco de datos original, respectivamente. Si 'inplace ' False', el marco de datos seguirá conteniendo la columna descartada.

Consejo: Se utiliza el método *'inplace -False'* para asignar una matriz a otra *variable sin incluir determinadas columnas.*

Selección condicional

De forma similar a cómo funciona la selección condicional con matrices NumPy, podemos seleccionar elementos de un marco de datos que satisfagan un criterio booleano

Se espera que esté familiarizado con este método, por lo tanto, se hará en un paso.

Ejemplo 72: Tomemos secciones del marco de datos 'Arr_df' donde el valor es > 5.

```
En []:  • Agarrar elementos superiores a cinco


Arr_df[Arr_df>5]
```

Output:

	odd1	even1	odd2	even2	Suma impar	Incluso la suma
Un	Nan	Nan	Nan	Nan	Nan	6
B	Nan	6.0	7.0	8.0	12.0	14
C	9.0	10.0	11.0	12.0	20.0	22
D	13.0	14.0	15.0	16.0	28.0	30
E	17.0	18.0	19.0	20.0	36.0	38

Observe cómo las instancias de valores menores que 5 se representan con un 'NaN'.

Otra forma de usarth es el formato condicional es dar formato en función de las especificaciones de columna.

Puede quitar filas enteras de datos especificando una condición booleana basada en una sola columna. Suponiendo que queremos devolver el Arr_df marco de datos sin la fila 'C'. Podemos especificar una condición para devolver valores donde los elementos de la columna 'odd1' no son iguales a '9' (ya que la fila C contiene 9 en la columna 'odd1').

```
En []: eliminando la fila C a través de la primera
columna

    Arr_df[Arr_df['odd1']!'9]
```

Salida

	odd1	even1	odd2	even2	Suma impar	Incluso la suma
Un	1	2	3	4	4	6
B	5	6	7	8	12	14
D	13	14	15	16	28	30
E	17	18	19	20	36	38

Observe que la fila 'C' se ha filtrado. Esto se puede lograr a través de una instrucción condicional inteligente a través de cualquiera de las columnas.

```
En []: hace lo mismo: eliminar la fila 'C'

    • Arr_df[Arr_df['even2']! 12]


In[]: Vamos a eliminar las filas D y E a 'even2'
```

```
Arr_df[Arr_df['even2']<-12]
```

Salida

	odd1	even1	odd2	even2	Suma impar	Incluso la suma
Un	1	2	3	4	4	6
B	5	6	7	8	12	14
C	9	10	11	12	20	22

Ejercicio: Elimine las filas C, D, E a través de la columna 'Suma uniforme'. Además, pruebe otras operaciones similares que prefiera.

Para combinar instrucciones de selección condicional, podemos usar el 'lógico y, es decir, &', y el 'lógico o, es decir, '' para anidar varias condiciones. Los operadores regulares «y» y «o» no funcionarían en este caso, ya que se utilizan para comparar elementos individuales. Aquí, compararemos una serie de elementos que se evalúa como true o false, y esos operadores genéricos encuentran estas operaciones ambiguas.

Ejemplo 73: Seleccionemos elementos que cumplan los criterios de ser mayores que 1 en la primera columna y menos de 22 en la última columna. Recuerde que la instrucción 'y' solo se evalúa como true si ambas condiciones son verdaderas.

```
En []:    Arr_df[(Arr_df['odd1']>1) & (Arr_df['Suma
par']<22)]
```

Salida:

odd1	even1	odd2	even2	Suma impar	Incluso la suma

	odd1	even1	odd2	even2	Suma impar	Incluso la suma
B	5	6	7	8	12	14

Solo los elementos de la fila 'B' cumplen este criterio y se devuelven en el marco de datos.

Este enfoque se puede exponer para crear filtros de marco de datos aún más potentes.

Faltan datos

Hay casos en los que los datos que se importan o generan en pandas están incompletos o faltan puntos de datos. En tal caso, la solución probable es eliminar estos valores del conjunto de datos, o rellenar nuevas values basadas en algunas técnicas de extrapolación estadística. Si bien no estaríamos explorando completamente las medidas estadísticas de extrapolación (se puede leer sobre eso desde cualquier buen libro de texto de estadísticas),estaríamos considerando el uso de la `.dropna()` y `.fillna()` métodos para eliminar y rellenar los puntos de datos que faltan respectivamente.

Para ilustrar esto, crearemos un marco de datos para representar los datos importados con valores que faltan y, a continuación, usaremos estos dos métodos de preparación de datos en él.

Ejemplo 73: Otra forma de crear un marco de datos es mediante un diccionario. Recuerde, un diccionario python es de alguna manera similar a una serie Pandas en que tienen pares clave-valor, al igual que la serie Pandas son pares etiqueta-valor (aunque esto es un comparación simplista en aras de la conceptualización).

En []: *En primer lugar, nuestro diccionario*

```
dico
'X':[1,2,np.nan],'Y':[4,np.nan,np.nan],'Z':[7,8,9]
dico #show


    # passing the dictionary to a dataframe
row_labels 'A B C'.split()
df á pd. DataFrame(dico,row_labels)
df #show
```

Salida

```
'X': [1, 2, nan], 'Y': [4, nan, nan], 'Z': [7, 8, 9]
```

	X	Y	Z
Un	1.0	4.0	7
B	2.0	Nan	8
C	Nan	Nan	9

Ahora, comencemos con el método `.dropna()`. Esto quita los valores 'null' o 'nan' en el marco de datos al que se llama, ya sea en columna o en fila, dependiendo de la especificación del eje y otros argumentos pasados al método. Tiene la siguiente sintaxis predeterminada:

```
df. dropna(ejen.o 0,  cómo'cualquiera',
thresh,Ninguno,  subconjunto'Ninguno',
'Inplace','False')
```

156

El 'df' anterior es el nombre del marco de datos. El eje predeterminado se establece en cero, que representan la operación de fila. Por lo tanto, de forma predeterminada, el método eliminará cualquier fila que contenga valores 'nan'.

Veamos qué sucede cuando llamamos a este método para nuestro marco de datos.

```
En []: esto elimina 'nan' row-wise
  df.dropna()
```

Salida:	X	Y	Z
Un	1.0	4.0	7

Observe que las filas B y C contienen al menos un valor 'nan'. Por lo tanto, fueron eliminados.

Vamos a probar una operación de columna especificando el eje 1.

```
En []: - Esto elimina la columna 'nan' -sabio
  df.dropna(eje 1)
```

Salida:	Z
Un	7
B	8
C	9

Como era de esperar, solo se devolvió la columna 'Z'.

Ahora, en caso de que queramos establecer una condición para un número minimum de valores 'non-nan' / puntos de datos reales necesarios para hacer el corte (o escapar del corte, dependiendo de su perspectiva), podemos usar el 'thresh' (abreviatura de abreviatura de umbral) para especificarlo.

Digamos, queremos eliminar 'nan' en la fila, pero solo queremos quitar instancias donde la fila tenía más de un valor de punto de datos real. Podemos establecer el umbral en 2 como se ilustra en el siguiente código:

```
En []: - soltar filas con menos de 2 valores reales
 df.dropna(thresh á 2)
```

Salida

	X	Y	Z
Un	1.0	4.0	7
B	2.0	Nan	8

Observe cómo hemos filtrado la fila C, ya que contiene solo un valor real '9'.

Ejercicio: Filtrar columnas en el marco de datos 'df' que contienen menos de 2 puntos de datos reales

A continuación, vamos a utilizar el método `.fillna()` para reemplazar los valores que faltan con nuestras extrapolaciones.

Este método tiene la sintaxis siguiente:

```
df. fillna(valor, ninguno,  método,ninguno,
          eje,ninguno,  insitu,falso,  límite,ninguno,
          no,ninguno, **  kwargs)
```

Consejo: *Recordatorio, siempre puede utilizar* `shift + tab` *para* comprobar la documentación *de métodos y funciones para conocer su sintaxis.*

Vamos a seguir adelante y reemplazar nuestros valores 'NaN' con un marcador 'x'. Podemos especificar la 'X' como una cadena y pasarla al parámetro 'value' en `.fillna()`.

```
En []: • Llenar NaNs
  df.fillna('X')
```

Output:	X	Y	Z
Un	1	4	7
B	2	X	8
C	X	X	9

Si bien marcar los datos que faltan con una 'X' es divertido, a veces es más intuitivo (por falta de un mejor enfoque estadístico), utilizar la media de la columna afectada como un reemplazo para el mis cantar elementos.

Ejemplo 74: rellenarg up missing data.

Primero usemos el método mean para llenar la columna 'X', luego basado en ese simple paso, usaremos un bucle for para rellenar automáticamente los datos que faltan en el marco de datos.

```
En []: • Sustitución de los valores que faltan por la
media en la columna 'X'
```

```
df['X'].fillna(valor á df['X'].mean())
Out[]: Un 1.0
 B 2.0
 C 1.5
Nombre: X, dtype: float64
```

Observe que el valor del tercer elemento de la columna 'X' ha cambiado a 1.5. Este es el medio de esa columna. El código de una línea que logró esto podría haberse desglosado en varias líneas para una mejor comprensión. Esto se muestra a continuación:

```
En []:     variables
 xcol_var df['X']
 xcol_mean de xcol_var.mean() o utilice
mean(xcol_var)

 • Instrucción
 xcol_var.fillna(valor de xcol_mean)

Out[]: Un 1.0
 B 2.0
 C 1.5
Nombre: X, dtype: float64
```

Mismos resultados, pero más codificación y más uso de memoria a través de la asignación de variables.

Ahora, vamos a automatizar todo el proceso.

```
En []: para i en 'X Y Z'.split():
```

```
        df[i].fillna(valor á df[i].mean(),inplace-
True)

    df

    - show
```

Salida:

	X	Y	Z
Un	1.0	4.0	7
B	2.0	4.0	8
C	1.5	4.0	9

Nuevo marco de datos

	X	Y	Z
Un	1.0	4.0	7
B	2.0	Nan	8
C	Nan	Nan	9

Marco de datos antiguo

Mientras que la salida sólo muestra el marco de datos a la izquierda, el marco de datos original se coloca aquí para la comparación. Observe los nuevos valores que reemplazan los NaN. Para la columna 'Y', la media es 4.0, ya que ese es el único valor presente.

Se trata de una pequeña operación que se puede escalar para preparar y formatear conjuntos de datos más grandes en Pandas.

Consejo: Se pueden explorar *los demás argumentos del* método `.fillna()`, incluidos los métodos de *relleno: por ejemplo, forward-fill - que rellena el valor que falta con el valor de fila/columna anterior en función del valor del parámetro limit, es decir, si limita el parámetro, es decir, el límite 1, rellena la siguiente 1 fila/columna con el valor de fila/columna anterior; también, el relleno de retroceso - que hace lo mismo que el relleno hacia adelante, pero hacia atrás.*

161

Group-By

Este método Pandas, como su nombre indica, permite agrupar datos relacionados para realizar operaciones combinadas/agregadas en ellos.

Ejemplo 75: Creación de un marco de datos de ventas de tienda XYZ.

```
En []:  • Información de ventas de XYZ de la empresa

        • Diccionario que contiene los datos
necesarios

datos de ''Persona de ventas':'Sam Charlie Amy
Vanessa Carl Sarah'.split(),

          'Producto':'Hp Apple Apple Dell
Dell'.split(),

          'Ventas':[200,120,340,124,243,350]
print('Información de ventas DE
XYZ'n_____') - información de
impresión.


serial (rango(1,7)) - nombres de fila de 1-6

df á pd. DataFrame(data,serial) - construir el marco
de datos

Df
```

Salida:

Información de ventas de XYZ

Persona de Ventas	Producto	Ventas

	Persona de Ventas	Producto	Ventas
1	Sam	Hp	200
2	Charlie	Hp	120
3	Amy	manzana	340
4	Vanessa	manzana	124
5	Carl	Dell	243
6	Sarah	Dell	350

Desde nuestro conjunto de datos, podemos observar algunos elementos comunes debajo de la columna de producto. Este es un ejemplo de un punto de entrada para el método group-by en un conjunto de datos. Podemos encontrar información sobre las ventas utilizando la agrupación de productos.

```
En []: - búsqueda de información de ventas por
producto

print('Total de artículos vendidos: por producto')
df.groupby('Product').sum()
```

Total de artículos vendidos: por producto

	Ventas
Producto	
manzana	464
Dell	593
Hp	320

Este es un ejemplo de una operación agregada mediante groupby. Otras funciones se pueden llamar para mostrar resultados interesantes, así. Por ejemplo, `.count()`:

```
En []: df.groupby('Producto'). conteo()
```

Salida:

Producto	Persona de Ventas	Ventas
manzana	2	2
Dell	2	2
Hp	2	2

Aunque la operación anterior no pudo devolver el campo 'Sales person', dado que no se puede realizar una operación numérica como 'sum' en una cadena, el método count devuelve las instancias de cada producto dentro de ambas categorías. A través de esta producción, podemos inferir fácilmente que la empresa XYZ asigna dos vendedores por producto, y que cada uno de los vendedores hizo una venta de los productos. Sin embargo, a diferencia del método sum, este método de recuento no proporciona una visión más clara de las ventas. Esta es la razón por la que por lo general se llama a tantos métodos para explicar ciertos aspectos de los datos. Un método muy útil para comprobar la información múltiple a la vez es el método .describe().

```
En []: #Getting mejor información usando describe ()
        df.groupby('Product').describe()
```

Salida:

Sales

Producto	Contar	Decir	Std	Min	25%	50%	75%	máx
Apple	2.0	232.0	152.735065	124.0	178.00	232.0	286.00	340.0
Dell	2.0	296.5	75.660426	243.0	269.75	296.5	323.25	350.0
Hp	2.0	160.0	56.568542	120.0	140.00	160.0	180.00	200.0

Esto es más informativo. Dice mucho sobre los datos de un vistazo. También se pueden seleccionar productos individuales: `df.groupby('Product').describe()['Nombre del producto, por ejemplo, 'Apple'].`

Concatenar, unir y fusionar

Estos son métodos para combinar varios marcos de datos o conjuntos de datos en uno solo. Difieren en sintaxis y logran combinaciones específicas de marcos de datos basados en la salida deseada.

La concatenación permite que los conjuntos de datos se 'peguen' juntos, ya sea en fila o en columna. Aquí, las dimensiones de los marcos de datos deben ser las mismas a lo largo del eje de concatenación, es decir, la concatenación de filas requiere que los dos marcos de datos tengan el mismo número de columnas y viceversa.

Ejemplo 76: Vamos a crear dos marcos de datos de ejemplo y utilizar el método concatenate.

```
En []:        - Definición de un diccionario de valores
d1 á 'A':'A1 A2 A3'.split(),'B':'B1 B2 B3'.split(),
               'C':'C1 C2 C3'.split()}
d2 á 'A':'A4 A5 A6'.split(),'B':'B4 B5 B6'.split(),
               'C':'C4 C5 C6'.split()}


• Ahora los marcos de datos
df1 á pd. DataFrame(d1,index-'1 2 3'.split())
df2 á pd. DataFrame(d2,index- '4 5 6'.split())


• concatenar
pd.concat([df1,df2]) á eje de fila-sabio - 0
pd.concat([df1,df2],axis-1,sort-True) - eje col-wise
- 1
```

Out[]:

	Un	B	C
1	A1	B1	C1
2	A2	B2	C2
3	A3	B3	C3

	Un	B	C
4	A4	B4	C4
5	A5	B5	C5
6	A6	B6	C6

Salida

	Un	B	C	Un	B	C
1	A1	B1	C1	Nan	Nan	Nan
2	A2	B2	C2	Nan	Nan	Nan
3	A3	B3	C3	Nan	Nan	Nan
4	Nan	Nan	Nan	A4	B4	C4
5	Nan	Nan	Nan	A5	B5	C5
6	Nan	Nan	Nan	A6	B6	C6

Observe cómo el resultado de la concatenación en la fila es igual que colocar el primer marco de datos encima del otro. El intento de concatenación de columnas para estas tramas de datos dio lugar a NaN porque tienen índices variables. Mientras df1 tiene su índice de 1-3, con los valores correspondientes; df2 tiene su propio índice que va de 4-6. Para permitir la concatenación de columnas adecuada, tenemos que especificar un índice similar al siguiente.

```
En []: df2.index á '1 2 3'.split() - estableciendo el
mismo índice que df1


• Esto debería funcionar
pd.concat([df1,df2],axis-1) á eje col-wise - 1
```

167

	Un	B	C	Un	B	C
1	A1	B1	C1	A4	B4	C4
2	A2	B2	C2	A5	B5	C5
3	A3	B3	C3	A6	B6	C6

Ahora, este es un conjunto de datos bien combinado. Esto es más probable que el tipo de concatenación que encontraría al trabajar con hojas de datos, ya que permite un nombre más flexible para las columnas, mientras que comparte índices de fila similares.

Ejercicio: Cambie los últimos tres nombres de columna en la tabla de salida anterior a 'D E F', es decir, la tabla ahora debe tener las columnas 'A B C D E F'.

Sugerencia: utilice `df2.columns á 'valor'` para cambiar los nombres de *columna*.

Combinar y unir por otro lado, son más similares. Toman dos marcos de datos y los combinan juntos en columna. Ambos requieren una especificación para un marco de datos derecho e izquierdo respectivamente para determinar la organización. Además, requieren una especificación adicional para un punto de entrada (normalmente denominado clave) donde se produce la operación de combinación o combinación. Aunque los métodos Merge y Join son eficaces, no los exploraremos.

Lectura y escritura de datos

En aplicaciones del mundo real, los datos vienen en varios formatos. Estos son los más comunes: CSV, hojas de cálculo de Excel (xlsx / xls),HTML y SQL. Aunque Pandas puede leer archivos SQL, no es necesariamente el mejor para trabajar con bases de datos SQL, ya que hay bastantes motores SQL: SQL lite, PostgreSQL, MySQL, etc. Por lo tanto, sólo vamos a considerar CSV, Excel y HTML.

Leer

El *método* pd.read_**file_type**(*file_name*) **es la forma predeterminada de leer archivos en** el **marco** De Pandas. Después de la importación, los pandas muestran el contenido como un marco de datos para la manipulación utilizando todos los métodos que hemos practicado hasta ahora, y más.

CSV (variables separadas por comas) y Excel

Cree un archivo CSV en Excel y guárdelo en su directorio python. Puede comprobar dónde se encuentra el directorio de Python en el bloc de notas de Jupyter escribiendo: **pwd().** Si desea cambiar a otro directorio que contenga sus archivos (por ejemplo, Escritorio), puede utilizar el siguiente código:

```
En []: importación os
 os.chdir('C:'Usuarios''Nombredeusuario'',
```

Para importar el archivo CSV, escriba: pd.read_csv('csv_file_name'). Pandas detectará automáticamente los datos almacenados en el archivo y los mostrará como un marco de datos. Un mejor enfoque sería asignar los datos importados a una variable como esta:

169

```
En []: Csv_data de read_csv archivos deejemplo.csv()

Csv_data de espectáculo
```

Al ejecutar esta celda se asignarán los datos de 'example file.csv' a la variable Csv_data, que es del marco de datos de tipo. Ahora se puede llamar más tarde o se puede utilizar para realizar algunas de las operaciones de marco de datos.

Para archivos de Excel (archivos .xlsx y .xls),se toma el mismo enfoque. Para leer un archivo de Excel denominado 'class data.xlsx', usamos el siguiente código:

```
En []:    Xl_data de datos pd.read_excel('class
data.xlsx')

Xl_data de espectáculo
```

Esto devuelve un marco de datos de los valores necesarios. Es posible que observe que un índice a partir de 0 se asigna automáticamente en el lado izquierdo. Esto es similar a declarar un marco de datos sin incluir explícitamente el campo de índice. Puede agregar nombres de índice, como hicimos en ejemplos anteriores.

Consejo: en caso de que la hoja de cálculo de Excel tenga varias hojas llenas. Puede especificar la hoja que necesita importar. Digamos que sólo necesitamos la hoja 1, que usamos: **nombre de hoja ' Hoja1'**. Para una funcionalidad adicional, puede comprobar la documentación de **read_excel()** utilizando **shift+tab**.

Escribir

Después de trabajar con nuestros marcos de datos importados o creados por pandas, podemos escribir el marco de datos resultante en varios formatos. Sin embargo, solo consideraremos escribir a CSV y sobresalir. Para escribir un marco **de datos en** CSV,utilice la sintaxis siguiente:

```
En []:    Csv_datanombre dearchivo.to_csv('',index -
False)
```

Esto escribe el marco de datos 'Csv_data' en un archivo CSV con el nombre de archivo especificado en el directorio python. Si el archivo no existe, lo crea.

Consejo: También puede utilizar este método para crear archivos de hoja de cálculo *a través* de *Python*.

Para escribir en un archivo de Excel, se utiliza una sintaxis similar, pero con el nombre de hoja especificado para el marco de datos que se va a exportar.

```
En []: Xl_datanombre de
archivo.to_excel('.xlsx',sheet_name ''Hoja 1')
```

Esto escribe el marco de datos **Xl_data** en la hoja uno de **'nombre de archivo.xlsx'.**

Html

La lectura de archivos Html a través de pandas requiere que se instalen algunas bibliotecas: htmllib5, lxml y BeautifulSoup4. Desde que instalamos la última Anaconda, es probable que estas bibliotecas se incluyan. Utilice **la lista de conda** para verificar y la instalación **de conda** para instalar los que faltan.

Las tablas Html se pueden leer directamente en pandas usando el método **pd.read_html ('hoja url').** La url de la hoja es un enlace web al conjunto de datos que se va a importar. Por ejemplo, vamos a importar el conjunto de datos "Listas bancarias fallidas" desde el sitio web de la FDIC y llamarlo w_data.

```
En []: w_datos de la página de datosde
pd.read_html('http://www.fdic.gov/bank/individual/fai
led/banklist.html')


datosw_[0]
```

Para mostrar el resultado, aquí usamosd w_data [0]. Esto se debe a que la tabla que necesitamos es el primer elemento de hoja en el código fuente de la página web. Si está familiarizado con HTML,puede identificarfácilmente dónde se encuentra cada elemento. Para inspeccionar un código fuente de la página web, utilice el explorador delhórome de C. **En la página web >> haga clic con el botón derecho >> a continuación, seleccione 'ver origen**de la página'. Puesto que lo que estamos buscando es un dato similar a una tabla, se especificará así en el código fuente. Por ejemplo, aquí es donde se crea el conjunto de datos en el código fuente de la página FDIC:

Fuente de página de la FDIC a través de Chrome

Esta sección concluye nuestras lecciones sobre el marco pandas. Para poner a prueba sus conocimientos sobre todo lo que se ha introducido, asegúrese de intentar todos los ejercicios a continuación. En el siguiente capítulo, exploraremos algunos marcos de visualización de datos.

Para el ejercicio, trabajaremos en un conjunto de datos de ejemplo. Una hoja de cálculo salarial de Kaggle.com. Continúa y descarga la hoja de cálculo desde este enlace: www.kaggle.com/kaggle/sf-salaries *Nota: Es posible que debas registrarte antes* de descargar el archivo. Descargue el archivo en el directorio python y extraiga el archivo.

Ejercicios: Aplicaremos todo lo que hemos aprendido aquí.

1. Importar pandas como pd

2. Importe el archivo CSV en Jupyter notebook, asígnelo a una variable 'Sal' y muestre los primeros 5 valores.
   Sugerencia: utilice el método .head() para mostrar los primeros 5 valores de un marco de datos. Del mismo modo, .tail() se utiliza para mostrar los últimos 5 resultados. Para especificar más valores, pase 'n-value' al método.

3. ¿Cuál es el salario más alto (incluidos los beneficios)?
   Respuesta: 567595.43
   Sugerencia: Utilice la indexación de columnas de marco de datos y el método .max().

4. Según los datos, ¿qué es el título de trabajo de 'MONICA FIELDSy cuánto gana más beneficios? **Respuesta: Jefe Adjunto del Departamento de Bomberos, y $ 261,366.14.**
   Sugerencia: La selección de columnas de marco de datos y los trabajos de selección condicional (la selección condicional se puede encontrar en el ejemplo 72. Utilice el índice de columna "cadena' para la condición booleana).

5. Por último, quién gana el salario básico más alto (menos los beneficios), y por cuánto es su salario más alto que el salario básico promedio. **Respuesta: NATHANIEL FORD obtiene la mayor cantidad. Su salario es más alto que el promedio en $ 492827.1080282971.**
   Sugerencia: Utilice los métodos .max()y .mean() para la brecha salarial. La selección condicional con indexación de columnas también funciona para el nombre del empleado con el salario más alto.

Buena suerte.

Chapter 3

Visualización de datos con Python

L a visualización de datos se puede describir como las diversas formas en que se muestran los datos analizados, es decir, la información. A veces, incluso bien-datos analizados no es lo suficientemente informativo de un vistazo. Con la visualización de datos, que incluye gráficos de líneas, gráficos de barras, pictogramas, etc. los resultados / análisis que se presentan se vuelven menos abstractos para el usuario final, y la toma de decisiones se mejora. En este capítulo, aprenderemos varias técnicas para mostrar los resultados de nuestro análisis con los marcos NumPy y Pandas.

Matplotlib

Esta es una biblioteca de Python para producir parcelas 2D de alta calidad. Para aquellos que tienen cierta experiencia en MATLAB, las técnicas de trazado y visualizaciones aquí me resultarán familiares. Matplotlib ofrece mucha flexibilidad con las gráficas, en términos de control sobre cosas como los ejes, fuentes, estilos de línea y tamaño, etc. Sin embargo, todos estos requieren escribir líneas de código adicionales. Por lo tanto, si no le importa ir más allá (con código de escritura) para especificar completamente sus parcelas, entonces matplotlib es su amigo. Para obtener información adicional sobre este paquete, visite la página oficial en www.matplotlib.org

175

Básicamente hay dos enfoques para trazar datos en matplotlib: el enfoque Funcional y el objeto-orientado (OO), respectivamente. Es posible que encuentre los dos términos de forma coherente a medida que interactúa con programadores y otros lenguajes de programación, pero son solo dos enfoques ligeramente diferentes para la programación. Sólo vamos a considerar el enfoque funcional aquí, ya que es fácil de entender para los principiantes y también requiere escribir menos líneas de código. El método OO, sin embargo, ofrece más control sobre los trazados como consecuencia de escribir más líneas de código.

Para empezar, vamos a crear una gráfica de coseno simple utilizando el enfoque funcional.

En primer lugar, importemos las bibliotecas relevantes y creemos datos de trazado:

```
En []:    importar matplotlib.pyplot como plt
          importación numpy como np
          %matplotlib en línea
          • Creación de valores de trazado
          x - np.linspace(0,10) - eje x/escala de tiempo
          y - np.cos(x) - valores de coseno
correspondientes
```

La opción **en línea %matplotlib** en el código garantiza que todas nuestras gráficas se muestren a medida que ejecutamos cada celda. Si está ejecutando una consola python diferente, puede colocar **plt.show()** al final del código para mostrar los trazados. **plt.show()** es el equivalente de la función **print()** para las gráficas matplotlib.

Método funcional

```
En []:  - parcela funcional

plt.plot(x,y)


Out[]:  [<matplotlib.lines.Line2D a 0x25108cf27f0>]
```

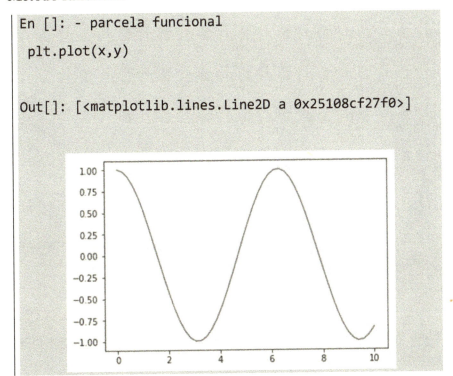

Observe que obtenemos una declaración **Out[].** Esto se debe a que no imprimimos el resultado usando **plt.show()**. Aunque esto no es significativo si está utilizando Jupyter, es posible que sea necesario para otras consolas.

También podemos trazar varias funciones en un gráfico.

```
En []:      z á np.sin(x) - Adición de una variable de
trazado adicional

    plt.plot(x,y,x,z);plt.show()
```

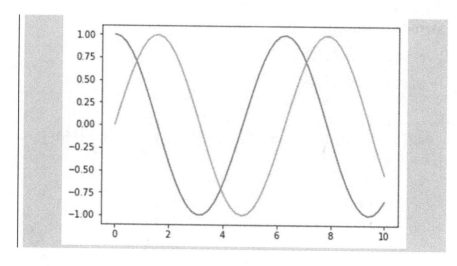

Para imprimir varios gráficos, pase cada argumento a la instrucción de trazado y separe los trazados con comas.

Para que nuestros gráficos sean más significativos, podemos ponerlos ejes y dar al gráfico un título.

```
En []: plt.plot(x,y,x,z)

plt.xlabel('Eje de tiempo') - etiquetado eje X

plt.ylabel('Magnitude') - etiquetado del eje y

plt.title('Sine and Cosine waves') - título del
gráfico

plt.show() - impresión
```

Salida:

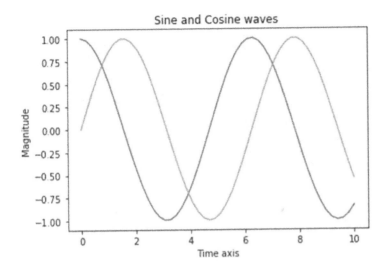

Ahora, esta es una mejor figura. Puesto que hemos añadido más de una gráfica, hay una funcionalidad adicional llamada 'leyenda' que ayuda a diferenciar entre las gráficas.

La función legend toma dos argumentos. El primero suele ser un argumento de cadena para etiquetar los gráficos en orden. El segundo es para una funcionalidad adicional, como dónde debe estar la leyenda. El argumento location se especifica mediante 'loc-value'. Para el valor 1, esquina superior derecha;2, para la esquina superior izquierda;3, para la esquina inferior izquierda; y 4 parala esquina inferior derecha. Sin embargo, si prefiere dejar que matplotlib decida la mejor ubicación, utilice 'value-0'.

```
En []: plt.plot(x,y,x,z)

 plt.xlabel('Eje de tiempo')

 plt.ylabel('Magnitude')


 plt.title('Sine and Cosine waves')
```

```
plt.legend(['y','z'],loc-0) á loc-0 significa la
mejor ubicación
```

```
plt.show()
```

Salida:

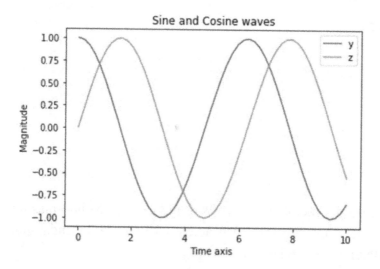

Suponiendo que queremos trazar tanto el coseno como la onda sinusoidal por encima, pero uno al lado del otro.

Podemos usar el comando de subtrama para hacer esto. Piense en el subgráfico como una matriz de figuras con una especificación del número de filas y columnas. Por lo tanto, si queremos sólo dos gráficos junto a cada otrosombrero se puede considerar como una matriz de 1 fila y 2 columnas.

```
En []:      - subtrazador
plt.subplot(1,2,1) - parcela 1
plt.plot(x,y)
plt.title('Cosine plot')
```

```
plt.subplot(1,2,2) - parcela 2

plt.plot(x,z)

plt.title('Sine plot')


plt.tight_layout() - evitar el engeneralcamiento de
las gráficas

plt.show()
```

Consejo: La línea *tight_layout()* garantiza que todas las subtramas estén bien espaciadas. *Utilice siempre esto cuando sub-plotting para hacer sus parcelas más agradable. ¡Intenta quitar esa línea y compara la salida!*

Salida:

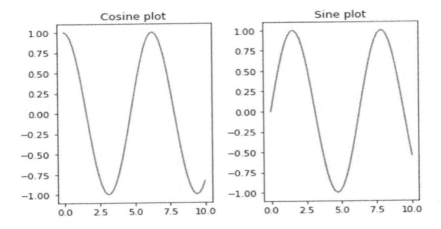

Para explicar la línea de subgráfico, es decir, la subgráfica(1,2,1) y la subgráfica (1,2,2): Los dos primeros valores son el número de filas y columnas de la subtrama. Como se ve en el resultado anterior, el trazado está en una fila y dos columnas. El último valor especifica el orden de la gráfica; por lo tanto (1,2,1) se traduce en trazar esa figura en la primera fila, y la primera columna de dos.

Podemos especificar los colores de línea en nuestras gráficas, así como el estilo de línea. Esto se pasa como una cadena después del argumento de trazado. Dado que todas las opciones de trazado, incluido el estilo de marcador y los likes son exactamente los mismos que para Matlab, aquí hay un enlace a la documentación de trazado de Matlab para explorar toda la característica de personalización adicional que puede migrar a sus parcelas matplotlib:

https://www.mathworks.com/help/matlab/ref/plot.html#btzpndl-1

Vamos a cambiar el color y las fuentes en nuestras subtramas para ilustrar esto.

```
En []: plt.subplot(1,2,1)  - parcela 1
 plt.plot(x,y,'r-x') - trazado rojo con marcador -x
 plt.title('Cosine plot')


    plt.subplot(1,2,2) - parcela 2
 plt.plot(x,z,'g-o') - parcela verde con marcador -o
 plt.title('Sine plot')


 plt.tight_layout() - aún evitarla producción de
parcelas en general
 plt.show()
```

Salida:

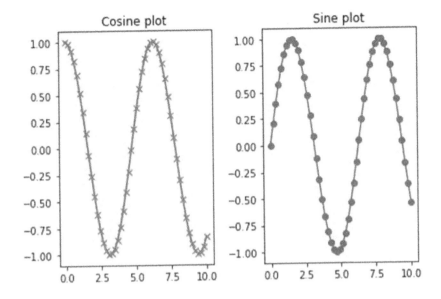

Ejercicio: Ahora que has aprendido a trazar usando el enfoque funcional, pon a prueba tus habilidades.

Trazar esto:

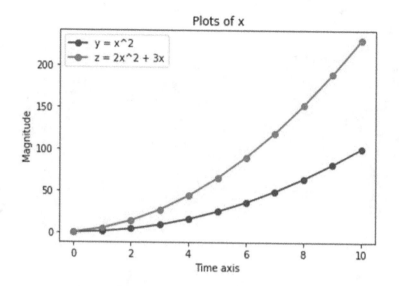

Consejo: utilice **np.arange(0,10,11)** para el eje *X.*

Después de crear su trazado, esp osible que deba importarlo en sus documentos o simplemente guardarlo en su dispositivo. Para ello, puede hacer clic con la derecha en la imagen en su bloc de notas de Jupyter y haga clic en copiar. A continuación, puede pegar la imagen copiada en el documento.

Si prefiere guardar, puede utilizar el método **plt.savefig('figurename.extension', DPI á value).** Aquí, figure name es el nombre deseado para la imagen guardada; La extensión es el formato deseado, es decir, PNG, JPG, BMP,etc. Por último, el PPP especifica la calidad de la imagen, cuanto mayor sea, mejor. Por lo general, para la calidad de impresión estándar, alrededor de 300 es lo suficientemente bueno.

Consejo: Aprender un poco más sobre estas especificaciones realmente puede ayudarte a generar mejores imágenes de tus parcelas.

Seaborn

Esta es otra biblioteca de visualización de datos que amplía el rango gráfico de la biblioteca matplotlib. Una gran cantidad de métodos de matplotlib son aplicables aquí, para personalizar parcelas. Sin embargo, genera trazados dinámicos de alta calidad en menos líneas de código.

Seaborn está más optimizado para trazar tendencias en conjuntos de datos, y vamos a explorar un conjunto de datos con esta biblioteca. Dado que Seaborn está precargado con algunos conjuntos de datos (puede llamar y cargar ciertos conjuntos de datos desde su repositorio en línea), solo cargaremos uno de estos para nuestro ejemplo.

Ejemplo 77: Carga de un conjunto de datos nacido en el mar y tendencias de trazado

Al igual que con otros paquetes, tenemos que importar seaborn usando el nombre de variable estándar 'sns'.

```
En []: importando nacidos marinos
importar el mar nacido como sns
%matplotlib en línea
```

A continuación, cargaremos el popular conjunto de datos 'tips' de Seaborn. Este conjunto de datos contiene información sobre un restaurante, los consejos dados a los camareros, la cantidad de propina, el tamaño del grupo de clientes (por ejemplo, un grupo de 3 personas), etc.

```
En []:    cargar un conjunto de datos desde seaborn
tips_dataset sns.load_dataset('tips')
tips_dataset.head()
```

185

	total_bill	Propina	Sexo	Fumador	Día	hora	Tamaño
0	16.99	1.01	Mujer	No	Sol	Cena	2
1	10.34	1.66	masculino	No	Sol	Cena	3
2	21.01	3.50	masculino	No	Sol	Cena	3
3	23.68	3.31	masculino	No	Sol	Cena	2
4	24.59	3.61	Mujer	No	Sol	Cena	4

A continuación, podemos encontrar tendencias en los datos utilizando diferentes tipos de parcelas. Vamos a utilizar el dist_plot (gráfico de distribución) para observar cómo se distribuye el total_bill en el conjunto de datos.

```
En []: #Use distplot

      sns.distplot(tips_dataset['total_bill'],bins
      30,kde-False)
Out[]:<matplotlib.axes._subplots. AxesSubplot a
0x28d3867d6d8>
```

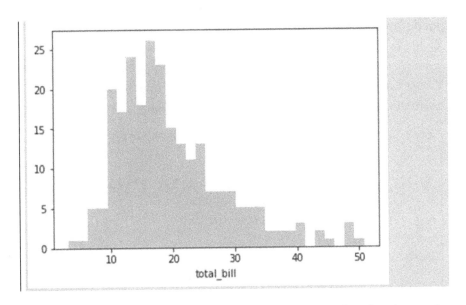

La gráfica dist muestra la distribución de ciertas tendencias dentro de los datos. Según la trama anterior, podemos inferir que la mayoría de las facturas están dentro del rango de $10 - $20, ya que tienen los contenedores más altos dentro de la distribución. Es posible que observe algunos argumentos adicionales en el código de distplot, el argumento bins controla el número de histogramas que se muestran dentro de la población. Cuanto mayor sea el valor, más histogramas. Aunque, a veces más altos, los datos pueden hacer que los datos sean menos obvios para leer, por lo que es importante encontrar un equilibrio. El siguiente argumento es el 'kde', que significa estimación de densidad del núcleo. A veces se prefiere sobre los histogramas, o junto con histogramas para una interpretación más precisa de los datos. Es sobre todo una estimación de la función de densidad de probabilidad de cualquier variable dentro de la distribución, más como el histograma pero más suave. Puede leer para obtener una información estadística más completa sobre algunas de estas cosas.

Otra gráfica útil es la gráfica, que muestra la relación entre dos variables dentro de un data_set. Es bueno para la comparación, y puede ordenar los resultados basados en categorías, es decir, sexo, edad, etc. dentro de los datos.

Vamos a demostrar cómo el total_bill se relaciona con la punta estimada, y ordenar por categoría hombre/mujer.

```
En []: - punta de estimación con respecto a
         total_bill

        sns.relplot(x ?"total_bill", y"tip", datos á
        tips_dataset)


hacia fuera []:
```

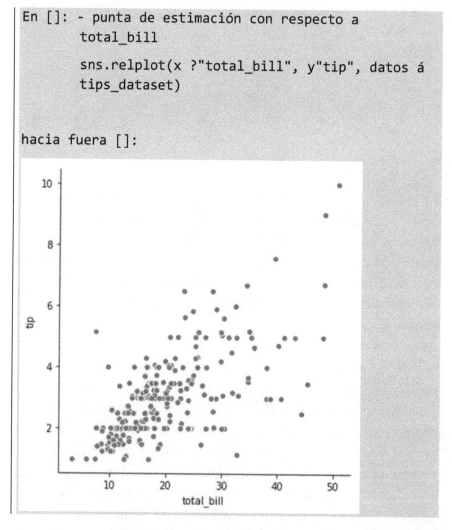

Aquí hay una gráfica básica sin el argumento de categoría. Esto nos dice que los consejos generalmente aumentan con respecto al proyecto de ley total. Las facturas más altas corresponden a puntas más altas, y picos más bajos para bajar las puntas. La adición de categorías hace que los datos sean más interesantes, ya que podemos ver la categoría que da más o menos propinas.

```
En []: sns.relplot(x ?"total_bill", y"tip", datos
tips_dataset, hueno á 'sexo')


Out[]: <seaborn.axisgrid.FacetGrid en 0x28d3b9cedd8>
```

Vea cómo se trata de datos más informativos. Esto indica cómo los clientes masculinos propinaron más por total_bill en promedio que las hembras.

Ahora esta idea se puede ampliar y aplicar a datos más avanzados. Puede explorar más a fondo varias opciones de trazado con relplot a través de este enlace: www.seaborn.pydata.org/tutorial/relational.html

La gráfica de relplot se amplía incluso con la opción de trazado de pares, que relaciona elrything en un conjunto de datos en una gráfica. Es una gran manera de obtener una visión general rápida de las tendencias importantes dentro de sus datos.

```
En []: sns.pairplot(tips_dataset,hue á 'sex', paleta
'coolwarm')


Out[]:<seaborn.axisgrid.PairGrid en 0x28d412f2e48>
```

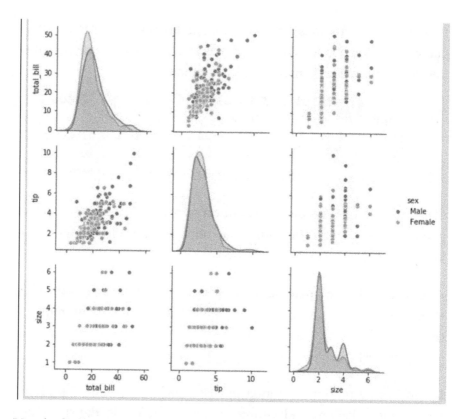

Vea lo fácil que es observar las variaciones entre los tres parámetros principales dentro de los datos: total_bill, punta y tamaño. La categoría 'sexo' también se ha pasado para observar las tendencias en ese sabio. Para cada instancia donde se compara una variable consigo misma, obtenemos una estimación de densidad del núcleo, o un histograma si se especifica. Las otras comparaciones son locas a través de diagramas de dispersión.

Desde la gráfica de par, podemos inferir rápidamente que las puntas no necesariamente aumentan con inarrugando el tamaño de la fiesta, teniendo en cuenta que la punta más grande está dentro del tamaño de la fiesta de 3. Esta inferencia se puede encontrar observando los gráficos 2,3 y 3,2 (fila, columna).

190

Usted puede preguntarse, ¿podríamos también encontrar el tamaño de la población dentro de un conjunto de datos por categoría? Bueno, countplot es muy útil para eso. Es común ver este tipo de parcelas dentro de un documento como el informe del censo de los Estados Unidos. Básicamente muestra un gráfico de barras, con la altura correspondiente a la población de una categoría dentro del conjunto de datos.

```
En []:      sns.countplot(x 'sex', datos á
tips_dataset)
Out[]: <matplotlib.axes._subplots. AxesSubplot a
0x28d41990978>
```

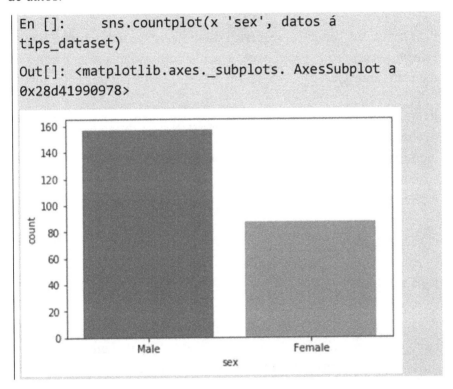

Para validar esto, podemos usar el método pandas groupby junto con count. ¡Espero que puedas recordar estos métodos!

```
En []: importar pandas como pd #importing pandas para
usar groupby()
   tips_dataset.groupby('sex').count()
```

	total_bill	Propina	Fumador	Día	hora	Tamaño
Sexo						
masculino	157	157	157	157	157	157
Mujer	87	87	87	87	87	87

Como era de esperar, observe cómo los recuentos masculinos y femeninos de 157 y 87 respectivamente corresponden a la gráfica de recuento anterior.

Estas y muchas más son capacidades de visualización de datos de Seaborn. Por ahora, estos son algunos ejemplos básicos para empezar; puede visitar la galería de documentación oficial de seaborn para explorar más estilos y opciones de parcelas a través de este enlace: https://seaborn.pydata.org/examples/index.html

Pandas

Bueno, son nuestros pandas amistosos otra vez. La biblioteca también tiene algunas capacidades de visualización altamente funcionales. Es bastante intuitivo en el momento de utilizar estos incorporados-en opciones de visualización mientras se trabaja con pandas, a menos que se requiera algo más especializado.

En primer lugar, importamos algunas libraries conocidas:

```
En []: importación de todas las bibliotecas
necesarias

 importación numpy como np
```

```
importar pandas como pd
importar matplotlib.pyplot como plt
%matplotlib en línea
importar el mar nacido como sns
```

Usted puede preguntarse por qué todas las otras bibliotecas aparte de Pandas son importadas . Bueno, sus salidas se verán mucho mejor con estas bibliotecas sincronizadas. Pandas trazas usando la funcionalidad de la biblioteca matplotlib - aunque no lo llame directamente, y la biblioteca de nacimiento saque hace que los gráficos / parcelas se vean mejor.

Vamos a trabajar con un conjunto de datos diferente. Podemos crear nuestro propio marco de datos y llamar a parcelas fuera de él.

Crearemos un marco de datos a partir de una distribución uniforme.

```
En []: vamos a crear nuestro diccionario
d á 'A':np.random.rand(5),
            'B':np.random.rand(5),
            'C':np.random.rand(5),
            'D':np.random.rand(5)


• Ahora crear un marco de datos
df á pd. DataFrame(d)
Df


Out[]:
```

Un	B	C	D

	Un	B	C	D
0	0.982520	0.469717	0.973735	0.397019
1	0.602272	0.148608	0.433559	0.929647
2	0.566168	0.737165	0.040840	0.435978
3	0.632309	0.772419	0.341389	0.603980
4	0.949631	0.906318	0.895018	0.679825

Con nuestro marco de datos, ahora podemos observar tendencias. Para crear una gráfica de histograma utilizando pandas, utilice la función hist(). Además, puede pasar algunos argumentos matplotlib como 'bins'

```
En []: df[['A']].hist(bins-30)
Out[]: array([<matplotlib.axes._subplots. Objeto
AxesSubplot en 0x0000028D432E50B8>]],
                dtype-object)
```

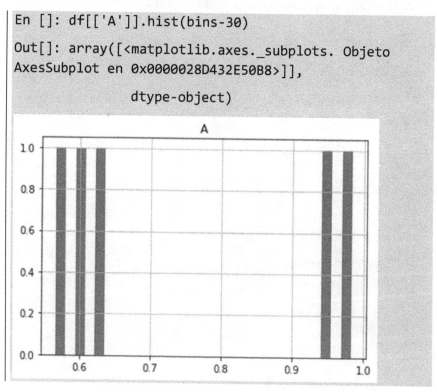

We puede hacer una gráfica de área de los valores, así, que es esencialmente un gráfico de línea de los valores con el área debajo sombreado:

```
En []: df.plot.area()

Out[]: <matplotlib.axes._subplots.AxesSubplot at
0x28d433b2438>
```

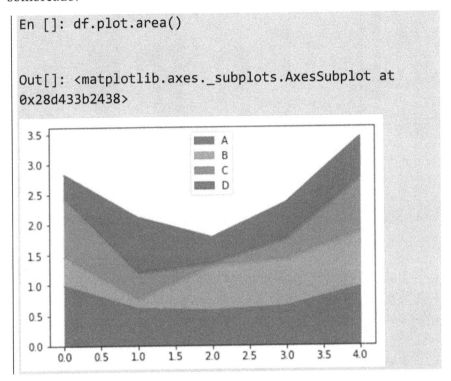

La configuración de transparencia de este gráfico se puede establecer con el argumento 'alpha ' value'.

También podemos hacer una gráfica de barra que puede categorizar nuestros datos basadosen nuestros row_index.

```
En []: df.plot.bar()
Out[]: <matplotlib.axes._subplots. AxesSubplot a
0x28d435fe828>
```

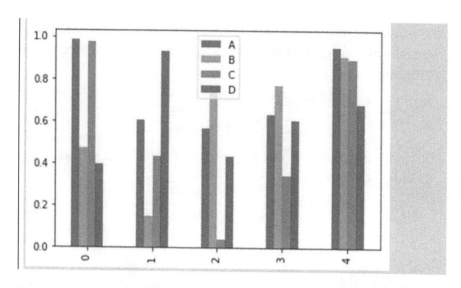

Consulte, nuestro eje X tiene el índice de fila y el eje Y muestra el valor de cada columna por índice.

Este tipo de parcela puede ser útil para cosas como, tendencias de ventas por mes (con ventas como valores y meses como row_index), asistencia a la escuela por día, etc. Nuestras gráficas actuales podrían no ser demasiado informativas ya que estamos utilizando datos aleatorios, sin embargo, un conjunto de datos real revelaría más detalles.

Si lo prefiere, las gráficas de barras se pueden apilar para ofrecer una mejor visualización:

```
En []: df.plot.bar(apilado - Verdadero, alfa a 0,8)
Out[]: <matplotlib.axes._subplots. AxesSubplot a
0x28d43a6e048>
```

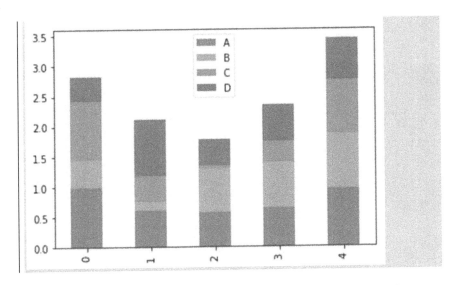

Este tipo de parcela nos da una idea de los valores totales por categoría, así como los porcentajes que representan ese total. Todavía podemos observar que el valor de la columna 'A' es el que más contribuye en la categoría '0', seguido de 'C', etc.

Trazado de líneas:

```
En []: df.plot.line(y ''B','C'])

Out[]: <matplotlib.axes._subplots. AxesSubplot en
0x28d43b6fc88>
```

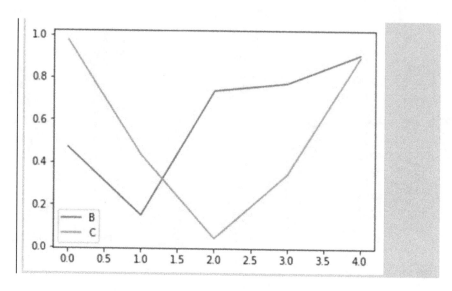

El trazado de líneas toma argumentos posicionales del eje x e y. En este caso, se ha especificado el eje Y. También se pueden incluir otras especificaciones como: ancho de línea 'lw', figsize, etc.

También podemos hacer una gráfica de dispersión, diagramas decaja y algunas otras gráficas que pueden ser útiles para interpretar datos. Dependiendo de su elección, y el dominio con estas técnicas de trazado, usted será capaz de dominar los datos y la información que contiene.

Sigue adelante y comprueba estos enlaces útiles para obtener información adicional sobre cómo trazar con pandas:

https://towardsdatascience.com/introduction-to-data-visualization-in-python-89a54c97fbed

https://pandas.pydata.org/pandas-docs/stable/user_guide/visualization.html

Con estas opciones de visualización de datos, puede comenzar a cumplir sus habilidades mostrando datos en una amplia gama de formatos. Es bastante obvio que un buen conocimiento de los métodos estadísticos sería muy útil para sobresalir como científico de datos, ya que la ciencia de datos se ocupa principalmente de los datos estadísticos. Si bien las estadísticas pueden ser intimidantes sin asistentes gráficos, tu propio enfoque será mejor ya que ahora tienes todo el potencial de matplotlib, seaborn y pandas para visualizar tus lecciones. Para opciones de visualización interactiva (no cubiertas aquí), puede consultar las bibliotecas 'plotly and cufflinks' desde este enlace: https://plot.ly/ipython-notebooks/cufflinks/

En la siguiente sección, sin embargo, damos una breve introducción al mundo y conceptos de aprendizaje automático.

Chapter 4

Aprendizaje automático con Python

Entonces, ¿qué es el aprendizaje automático?

El aprendizaje automático es una forma avanzada de análisis y cálculo de datos que utiliza la velocidad de procesamiento excepcional y las técnicas de reconocimiento de patrones de las computadoras para encontrar y aprender nuevas tendencias en datos. Bastante largo, ¿eh?

En pocas palabras, es una técnica artificial-inteligencia-inspirada en la programación que permite a las computadoras mejorar sus capacidades de aprendizaje a través de los datos que se alimentan, o pueden acceder. Esto es muy parecido a la forma en que los seres humanos se desarrollan a través de la vida.

Si bien el aprendizaje automático no es un concepto o tecnología nuevo -- el término fue introducido por primera vez en IBM en 1959 por el experto estadounidense en juegos de azar y IA, Arthur Samuel- recientemente ha ganado muchos intereses en términos de investigación y aplicaciones en varios campos. Esto se debe principalmente a la mejora en las capacidades de procesamiento de los ordenadores de generación moderna, junto con los lenguajes de programación portátiles, de alto nivel y rápidos que admiten el reconocimiento avanzado de patrones. El concepto detrás de la técnica se está mejorando y probando constantemente, y será un actor clave en la revolución tecnológica más grande del futuro.

Bien, el aprendizaje automático es genial. ¿Está relacionado con la ciencia de datos?

Imagínate esto: Eres un jugador de fútbol (o fútbol en algunos países, ¡buen dolor!), y juegas a la defensa. Has intentado marcar el extremo del equipo contrario tres veces, y en cada encuentro, hizo un paso más y regateó a la izquierda. Ahora, su equipo está defendiendo, y ese delantero se enfrenta a su co-defensor; estás lo suficientemente cerca como para gritarle instrucciones, ¿qué dices?

Marca a la izquierda!!!

¿Correcto? Desafortunadamente, regatea a la derecha y anota. Todos te culpan.

Bien, esa historia tiene un mal final, pero el punto es que hiciste una predicción basada en lo que has aprendido sobre ese delantero durante tus encuentros anteriores.

¿Qué pasaría si, antes del partido, hubieras visto durante todo elaño-largas imágenes de ese delanteros regatear técnicas y trucos? Tendrían una probabilidad muy baja de pasar por encima de ti, ¿verdad? ¿Qué tal 10 años de metraje (que se podría atracar ver como The Flash!)? ¡Ninguna posibilidad, en absoluto!

Aquí es donde la capacidad de aprendizaje automático se aplica a la ciencia de datos. Las computadoras, aunque no son tan inteligentes como los humanos, son excepcionalmente grandes para encontrar tendencias (por supuesto que lo son, las operaciones informáticas se centran en el reconocimiento de patrones a través de uno y cero). Ahora, imagine que la máquina tiene acceso a una gran base de datos, como todos los tweets en Twitter durante los últimos 5 años. Aprendería mucho sobre la cultura pop, eso es seguro(Predicciones financieras de acciones, detección de fraude, etc.   ). Estas son las aplicaciones más populares de aprendizaje automático, y la técnica se basa en la extracción de información de datos

Por lo tanto, es importante que cualquier científico de datos actual o aspirante se una a la creciente comunidad de aprendizaje automático y contribuya a mejorar la tecnología. Hay algunas herramientas de programación que están optimizadas para el aprendizaje automático, y python es una de ellas.

Python y aprendizaje automático

Al igual que con la mayoría de las aplicaciones de Python, hay una biblioteca para el aprendizaje automático y se llama Scikit Learn. El paquete scikit learn probablemente se incluye en su distribución de anaconda, y puede seguir adelante y verificar con la lista de **conda** en el símbolo del sistema de anaconda. Puede echar un vistazo a Scikit-aprender la documentación oficial a través de este enlace: https://scikit-learn.org/stable/

Tipos de aprendizaje automático

Actualmente hay cuatro categorías generalizadas de aprendizaje automático, y este conocimiento es importante dependiendo de la aplicación en mente. Tenemos: El aprendizaje automático supervisado, semi-supervisado, no supervisado y de refuerzo.

En el aprendizaje supervisado, la salida deseada es conocida por el entrenador (usted, o quienquiera que esté detrás del teclado). La máquina se entrena utilizando entradas etiquetadas que asocia con las salidas correspondientes. A través de esto, la máquina desarrolla un modelo predictivo para vincular esas entradas con salidas específicas durante un período de aprendizaje iterativo. No es tan diferente de la forma en que aprendemos en un salón de clases, con un maestro disponible para corregir errores. Este es el enfoque más fácil, pero generalmente costoso para el aprendizaje automático.

Para el aprendizaje no supervisado, no hay una meta específica en mente. El entrenador a veces no da la respuesta correcta, y el ordenador sólo encuentra tendencias interesantes en los datos basados en un algoritmo de entrenamiento (generalmente una técnica de agrupación en clústeres). Esto es similar al proceso de aprendizaje informal en humanos, donde aprendemos basado en nuestra interacción con nuestro entorno.

El enfoque semi-supervisado es sólo una versión reducida-versión reducida de la supervisada, que es útil en ausencia de un conjunto de datos de entrenamiento etiquetado completo. En este caso, la máquina tiene que hacer algunas aproximaciones para compensar los datos sin etiquetar. Es más barato que el aprendizaje supervisado, pero más lento y relativamente menos eficiente.

Por último, la técnica de aprendizaje de refuerzo es un enfoque de prueba y error basado en el sistema de recompensa de puntos en los juegos (En realidad se utiliza en nuevos motores de juego para crear jefes competitivos). Aquí, el objetivo es encontrar la mejor ruta posible para lograr un objetivo. Esto incluye el uso de los recursos mínimos, al tiempo que maximiza el tiempo. También es muy útil en la robótica moderna. Aquí, la máquina aprende de su experiencia mientras interactúa con el entorno.

Todas estas aplicaciones de aprendizaje automático son posibles, y listos para explorar a través de Scikit aprender con Python. Todo lo que necesita es un buen recurso, tiempo, dedicación y todo el conocimiento del análisis y visualización de datos básicos de las secciones anteriores de este libro; esto se debe a que la limpieza y preparación de datos es una gran parte del aprendizaje automático.

El aprendizaje automático, al igual que otros elementos de la ciencia de datos, requiere una buena experiencia en el análisis estadístico. Cosas como el análisis de regresión, es decir, regresión lineal y logística, clustering de k-means, K-NN (vecino más cercano), etc. Aquí hay un enlace para descargar un buen libro, y gratuito que puede introducir algunos de estos conceptos estadísticos: http://www-bcf.usc.edu/~gareth/ISL/ISLR%20Seventh%20Printing.pdf

Conclusión

Esperamos que haya aprendido una tonelada de este libro. El dominio de una habilidad no es sólo en el conocimiento, sino en la práctica continua, en la que se encuentra la singularidad de la habilidad y la competencia. Con el tiempo, seguirá persiguiendo esa interminable extensión de conocimiento que es la ciencia de los datos. ¡Al menos, ya no eres un novato!

www.ingramcontent.com/pod-product-compliance
Lightning Source LLC
Chambersburg PA
CBHW031238050326
40690CB00007B/853